潜在意識と幸運の法則

はじめに

あなたの中には、心の思いを超えた「大きな意識」「大きな力」があり、四六時中私たちを支えています。

しかし、「意識」という言葉を本質的に理解するのはなかなか難しいものです。

その意識は次のようなときに表れます。

あの人を「意識する」というときは、〝気にする、認識する〟ということです。「意識がある」というときには、〝気がついたとき〟や〝覚醒したとき〟に使います。さらに、親に対する子の「意識」というときには、〝子供を思う親の気持ち〟です。

また、心が「意識する」というのは、〝心がある物を認識して、それに向かって思う状態〟のことです。

いずれにせよ意識とは、思いが生じてその思いが動き、何かに働きかけるというような、「思いが動く」ことを言っています。

ウィリアム・W・アトキンソンは、意識について、次のように詩的に述べています。

『はるかな空へと、
届かんばかりの頂《いただき》よりも高いほどに、
あるいは、大いなる海の底よりも深いほどに、
私たちの中には、まさに内なる意識が存在する。

未知なる心の領域、潜在意識なる領域、
超意識、
直覚力、洞察力、本性、予知、
あるいは他にも素晴らしい側面が、
私たちに秘められているのだ』

ウィリアム・W・アトキンソン

何か通常の心の働きのような、しかし、そうした心を超えた働きを潜在意識、超意識などと呼んでいます。

そして、「潜在意識とは何か？」は、本書にたびたび出てきます。私たちを守り、導き、啓示を与え、アイデアを与えるなど、幸せへと導くものです。

それを神と言ってもいいのでしょうが、アトキンソンは、神という言葉を使うとあまりにも宗教的になると思ったのでしょうか、ほとんど使っていません。

神という言葉を使うなら「もっとわかりやすく書けただろうに」と思いますが、アトキンソンは「精神の科学」「思い」「想念」に関する科学として扱っています。

また、もっとも大切であると思えること、それは潜在意識が自分の中にあるということです。そして各人の魂とでも呼べるものであり、それが大きな宇宙という魂の中にあり、また原子や分子にもあるというものです。

その潜在意識と仲よくしていく方法、潜在意識との付き合い方、そのヒントが見事に散りばめられています。

本書では各章の最後に、アトキンソンの言葉を生かすレッスンを付け加えました。

参考程度に読んでいただいてもよいですし、とくにレッスン2などは、実際に試してみるのもよいでしょう。
まずは、自分の中にある潜在意識を確認することから始めてください。

2015年　春

遠藤昭則

潜在意識と幸運の法則

目次

First Lesson

レッスン1

——潜在意識、すなわち内なる意識

微弱な思いや感情が
潜在意識だ。

ゴッドフリート・ライプニッツ（１６４６～１７１６年／ドイツの哲学者、数学者）などの学者の中には、「私たちの内奥には、意識が潜んでいる」と考え、意識について研究する人がいました。

ところが、それよりももっと昔から、このような研究はされていたのです。

「精神とは、日常の上辺だけの心の働きでしかないのか？　いや、それだけではない！」

という心理学者もいます。

そして、内なる意識とは何か、それはどのようなものかということに光があてられるようになってきました。

次のように、気持ちや感覚、認識、判断、意志などにも、内奥に存在する潜在意識が大きく関わっているという人もいます。

フランスの哲学者イポリット・テーヌ（1828～1893年）は次のように述べています。

『自分ではっきり意識していなくても働く、内奥の精神と呼ぶべきものがあります。

私たちの生活では、その精神の働き、それが占める割合の方が、表面の心の働きよりも、はるかに多いのです。

私たちはただ、山の頂上を見ているにすぎません。
その頂上が日光に照らし出されているだけであり、裾野の広がり、それに続く平野などは陰になっています。

通常の感覚よりも内側にある要素、
それによって精神は形成されています。
それは基本的な感覚と呼ぶべきものであり、

その要素が集団となって心の表面に表れてくるとき、
それがはっきり認識されるようになります』

さらに次のように言う人もいます。

『日常の精神活動を調べると、心の働きはわずか10％しかなく、
潜在意識の働きが90％を占めていることがわかります』

つまり、潜在意識あるいは内なる声と呼ぶものが、アイデアや印象、思いとなって心に表れてくるというわけです。

それが誰の心の中であっても重要な役割を担っているのです。つまり、心の活動を超越した、内側の声が、あなたの中に広く存在しているのです。

ある高名な著述家が次のように述べています。

『本当の自己とは、理解を超えたところにあるものです。

それは心が体験する平坦な台地よりも、
はるか上にある頂《いただき》か、あるいはもっと深い谷底にあるものです』

エルマ・ゲイツ（１８５９〜１９２３年／アメリカの科学者、発明家）は次のように述べています。

『精神活動の少なくとも90％は潜在意識によるものです。
自分の精神活動を分析してみるなら、
通常考えていることが、
広大な潜在意識の延長線上にあるものでしかないことがわかるでしょう』

たとえば、じっくり問題に取り組もうと椅子に腰かけるとしましょう。
しかし、なかなか名案が浮かんできません。すると落ち着かなくなり、あちこち歩き回りはじめますが、それでも解決できません。

すると、あるとき突然、問題解決のアイデアを思いつきます。これがいわゆる潜在意識からの声です!!

心は、自分で答えを見つけ出すことができず、内側から答えが現れてきたのです。私たちは、素直に内側の声を受け取るしかありません。私たちには、考えても何もできないときがあるのです。

ただ、それをうまく受け取ろうと、操舵装置《そうだそうち》を上手に使って、心という船を導くしかできないのです。

内側の声を美しく表現したのはオリバー・ロッジ卿（1851〜1940年／イギリスの物理学者）です。

『見事ながっしりとした氷山があります。これが表面の心です。

それはキラキラ輝いており、やがて時がくれば、もとの海（潜在意識）へと戻って行くのですから、海面下の様子や、塩分を含んだ海水など気にしていません』

違う言い方をするなら次のようになるでしょう。

『怪物たちの住む、薄暗い海、心はそこを進む船です。船には、お気に入りのフジツボがたくさんついています。

デッキやキャビンの様子などどうでもいいのです。

帆柱《ほばしら》や帆も気にしません。

六分儀、コンパスなどには目もくれず、船長の指示に耳を傾ける必要もありません。マストに上っている見張りの指示も無視し、遠い地平線に何が現れようとも、ただ他の船と接触しないようにと、黙々と進んで行く。

天気の知識もなく、船が浅瀬に近づこうが、ただ目的地に到着したい一心で進んでいきます。

このようにして岸壁《がんぺき》に到着してから、ようやく自分のいる場所を知ることになるのです。これが心です』

潜在意識のことをスコフィールド博士（医師／１９００年代初期に無意識に関する本を出版）は次のように表現しています。

『心を太陽光線の可視スペクトルにたとえてみましょう。スペクトルの両側に広がる不可視な部分は、心より外にあります。熱は主として赤外線から生じるのに、そこには明るさはありません。他の端は紫外線であり、野菜に化学変化を与えます。

しかし、そこも目には見えません。ただ影響が現れたときにだけわかるのです。両光線とも不可視だが、実際、スペクトルの両端に広がっています。これと同じように、心は、その両側にある潜在意識も認識しているのです。心を光に例えるなら、赤い光より下の部分は、より高度な精神、魂の領域として薄々感じるときがあります。潜在意識とは、私たちの心を肉体と結びつけるものであり、つねに存在し、私たちと永遠の真理とを結び付けているところです』

フレデリック・W・H・マイヤーズ（1843〜1901年／イギリス、詩人、心霊研究家、古典文学者）は、通常の「自己」から独立して存在する自己として、「潜在意識としての自己」と名付けました。彼の本には次のように書かれています。

『心が通常意識するよりも下の方から、感覚や思いがやってくるように感じます。そこが人、本来の領域なのです。

しかし、潜在意識は、あまりにも弱く感じるので、それで、心が通常認識しているよりも、下にあるものと言うようになっただけです。

下ということに、特に意味があるわけではありません。

つまり水面下にあるのは、通常の強い思いや感情とは違い、微弱な思いや感情で、それが潜在意識なのです。

ですから、私たちは、潜在意識のことを、もっと知らなければならないのです。

また、話したり書いたりするとき、心の限界を超えた潜在意識から与えられることがあるとも言われます。

潜在意識は心と繋《つな》がっていますが、心の限界を超えた生命です。

たとえば、潜在意識が蓄《たくわ》えた記憶によって、夢の中で問題が解決されるときもあるでしょう。

あるいは、問題を解決するために記憶を遡《さかのぼ》ろうとすることもあります。

すると、古い印象が呼び起こされてきます。

それは本当の自分と呼ばれるところから、やってくるのです。

そこでは、それぞれが、あたかも独立しているかのような思いが、さまざまな声となって協力し合っています。

それが一つになって、あるいは、多くの先祖の個性のいずれかが表面に表れてくることもあります。また、それらが退いて行くこともあるでしょう。

大きな何かが内奥にあるはずなのです』

「内なる超意識」「内なる声」「内なる気持ち」など、どのように呼ぼうとも、それに関して、神秘主義や形而上学《けいじじょうがく》のあいまいな理論を必要とせずに、科学者や心理学者はまじめに研究しているのです。

レッスン1

潜在意識を体験する練習

本書を読みながら「そう言えば、あのとき！」と思い出したことがあるかもしれません。これは日常何気なくすごしている生活においても、潜在意識が関わっていることを確認させてくれます。それを「気づき」とも言います。

本書を読み進めて行くにつれて、あなたの中に潜在意識があり、それもあなたであり、あなたを助け、導いてくれていることがわかってきます。

そこで、潜在意識からの声ではないかと思えること、つまり、「啓示」「アイデア」「思い出せなかったことがふいにわかったとき」や、「ひらめきがあったとき」にそれをメモしておきましょう。メモしたことを後で読み返すと、実際に潜在意識があり、働いてくれていることを確信するようになるはずです。

潜在意識を確認するために、
気づきをメモしておこう！

年　　月　　日　時間：　　　　頃

年　　月　　日　時間：　　　　頃

年　　月　　日　時間：　　　　頃

年　　月　　日　時間：　　　　頃

年　　月　　日　時間：　　　　頃

年　　月　　日　時間：　　　　頃

Second Lesson
レッスン2
―
潜在意識の働き

心には、地下室、
ぶどう酒貯蔵庫、地下金庫室、
副金庫室がある。

では、潜在意識とどのように付き合えばいいのでしょう。
そのためには表面的ではないこと、いわゆる真実を見ようとする姿勢が必要です。

『真実と向き合って生きる人には強さを感じます。
彼らには神秘論も抽象論も必要ありません。
純朴な農夫は真実を観察し、人々に恵みをもたらします。
彼らは真実から法則を見出すからです。

夢想家は仮説を哲学と言い、
金を得ようと、もっともらしい約束をします。
しかし、彼らは薄っぺらな資本家でしかありません。
真実こそ本当の哲学の基礎です。
そして本当の哲学で真実は和《なご》み、正しい位置に収まります』

そして心の働きも「表面的なもの」だけではありません。私たちの内奥《ないおう》にあるものも心の働きです。そこで、内奥にある意識の働きを「第二の心」とか「二番目の心」と区別して扱う必要などありません。

『心には、地下室、ぶどう酒貯蔵庫、地下金庫室、副金庫室があります。

それが「潜在意識」です。

下の階に部屋があるのと同じように、上の階にも部屋があります。

それが直感と呼ばれる「心を超えた意識」です』

「潜在」という言葉には「あるものよりも下」、「超える」という言葉には、それよりも上というものを示しているように受け取られがちです。

しかし、この分類は正しくありません。なぜなら、表面の活動よりも上であろうが下であろうが、そのどれにも心が関わっているのであり、両極端に分ける必要などないからです。
小さな星の光を望遠鏡でとらえるように、心という舞台に「いつもの表面的なことではないぞ」と思えるものが表れても、心はそれを認識しています。心は単なる「観察の場」ではなく、そういうものをとらえて認識できるのです。

そして、そういうものが心という「舞台」に登場するとき、それが深いところからきた「潜在する声」であれ、高いところからきた「心を超えた声」であれ、両者を区別する境界などありません。高いとか深いというのは、単に比較したり、検討したり、相対的に見たりするときのものでしかありません。ですから、高い深いなどと区別する必要はないのです。結局、〝潜在意識〟と一語でまとめておきましょう。

それでも高い深いという表現をしようとするのなら、次のように言えるでしょう。深いところに意識が存在するというのであるなら、それは細胞、細胞集団、臓器にあるともいえます。そこにも身体の活動を管理する「意識」「思い」があります。そして、さまざまな精神活動が行われているからです。

逆に、もっと高いところからというのであれば「啓示」「アイデア」などを受け取る、知覚することが、そうでしょう。

それらを受け取る心とは、地下室、あるいはぶどう酒貯蔵庫などと呼ばれるところから送られてきた商品、それを受け取る「メイン・フロア」のようなものです。潜在意識は商品を搬入し、分類します。それを地下室やぶどう酒貯蔵庫へ、また上の階へ蓄えます。そして必要なときに、目的の「オフィス」へ届けてくれます。

重要なことは、心も、また問題としている内なるものも「意識」すなわち「思い」を扱うものだということです(例:父親としての「意識」、つまり父親としての「思い」)。「意識」すなわち「思い」なしには存在できません。したがって「無意識」という言葉がありますが、それは間違いなのです。どこにも思いがあるからです。

また「思い」とは、人の精神活動だけではありません。
万物は原子や電子から構成されていますが、
そのそれぞれにも「意識」すなわち「思い」があるのです。
心という「表面的な意識」は、単にその一つでしかありません。

・レッスン2・

気づきの練習

ふだん、自分は何を考えているのかなどとは、あまり思わないものです。

そこで、ノートを用意して、「望ましい思い」と「改善したい思い」に分け、自分の思いを観察してください。夜、寝る前に、思い出して記録してもいいでしょう。

この観察は、望ましい思いを増やそうとか、改善したい思いを減らそうというものではありません。なぜなら、改善したい望みと分別しても、それをしてよかったという場合もあるからです。また、自分では改善したいと思っていても、他の人から見ると、それがあなたのいいところの場合もあるからです。


目的は次の三つです。

①自分の思いに気づく。
②自分の習慣となっている思いに気づく。
③潜在意識の声が、自分の思いに登場していることに気づく。

自分の思いに気づくようになると、啓示やアイデア、微弱な感じが湧《わ》いてきたとき、改めて認識できるようになります。つまり潜在意識の声を聞く練習にもなるわけです。

◎表の項目は、アトキンソンが他書で紹介しているものです。項目は自分で作るか、あるいは項目なしで、望ましい思い、改善したい思いだけでもよいでしょう。
◎幾つ出たのか、だいたい書いていきます。
◎各項目は数字ではなく、＋とか－、あるいはその他のものでもいいでしょう。
◎これをやっていくうちに、自分の思いには習慣性があること、そして、潜在意識の声があることに気づくようになります。

年　　月　　日

望ましい思い		改善したい思い	
勇気		恐れ	
思いやりがある		冷たい	
人にやさしい		厳しい	
明るい		否定的	
安定感がある		散漫	
行動的だ		消極的	
生きる喜びがある		あきらめ	
何事にも積極的		消極的	
一貫性がある		移り気	
アイディアが豊富		物まね	
合計		合計	

年　　月　　日

望ましい思い		改善したい思い	
合計		合計	

年　　月　　日

望ましい思い		改善したい思い	
合計		合計	

Third Lesson
レッスン3
――心の地下室

潜在意識にはいいものも、
悪いものもたくさん入っている。

内なる意識は肉体を作り上げ、維持し、修復する「精神」です。

各細胞は集まり、細胞集団となり、臓器を作り上げます。どの細胞にも、役割を果たすための心があり、各細胞の心は集まって集団の心、つまり臓器の心になります。それが潜在意識の活動であり、人や動物の持つ――自然界と調和する――「本能」として心に表れます。

心は、暗示や他の人の考えから影響を受けやすいものです。よくない暗示や、よくない考えを吸収するなら、病気になることもあります。逆に、それらを改善する暗示によって、病気が治ることもあります。

暗示は「自己暗示」だけではありません。「他の人から与えられる言葉」などもそうです。

それは精神の「治療」では、よく使われるものです。細胞などが持つ「心」は肉体のあらゆる部分に広がっていますが、それらに人の心が暗示を与え、印象づけることもできるのです。

また、意識の働きには、いわゆる「自動的な働き」、「習慣」と呼ばれるものもあります。かつては意識して行っていたものが、体験や反復によって自動的にできるようになったもので、本人がそうし続けていたから生じるものです。

意識して行っていたことが、潜在意識の深い活動面へと降りてきて、意識せずに自動的にできるようになるのです。これは、誰もが経験しているものです。

歩く、料理をする、文章を打つ、ピアノを弾く。そういうことをしながらも、考えごとをしているときがあります。今までは注意を払ってしていた動作も、練習を続けるうちに潜在意識がしてくれるようになり、心は最小限の注意や集中をするだけで改善され、それによって身体がほとんど「自動的に動く」ようになるのです。

仕事に慣れてくると、一つひとつ段取りを考えることなどしないでしょう。

同じように、潜在意識へ明け渡すようになると、それがほとんど自動的になります。

音楽家は、最高の仕事をする上で精神面を大切にします。演奏を意識し過ぎるなら「ミス」をして、完璧な演奏にならないときもあるからです。

また芸術家は、どうすれば仕事に「没頭」できるのかを知っています。だから最高のものを生み出せるのです。

著述家の中には、仕事へ向かう心構えに注意を払う人がいるほどです。

服を着るときでさえ、上着の袖《そで》に腕を通し、次にもう一方の腕を通そう、などと考える人はいません。ボタンをはずすときもそうです。いちいち動作を考える人などいません。

動作は習慣になっています。心が意識しなくても自動的に行われるのです。

しかし、そこに一瞬でも心が介入するなら、行動はストップしてしまうこともあります。

つまり、心は何もできないのです。

また、私たちの内には素晴らしい「習慣」も隠されています。それは数えきれないほど過去の世代を通して、私たちへと伝えられてきた遺伝のようなものです。

これも潜在意識の働きです。

洞窟《どうくつ》暮らしの時代、あるいはもっと以前からの精神や能力が、私たちに受け継がれています。

そこには古代から積み重ねられてきた、印象、考え、習慣、感情、感じ、欲求、衝動などが満ちています。どれも遺伝として獲得されてきたものであり、内なる意識の深い活動部分、深い奥底でまどろんでいるのです。

そして私たちには、その潜在する衝動をコントロールしたり、使ったりすることができるのです。

『自分の中には動物園がある。そこには虎、猿、孔雀《くじゃく》、ロバ、ハイエナ、山羊《やぎ》、羊、ライオンなどがいるのだ』と言った著述家もいます。

このような物事が自然に獲得されてきたのです。それを恥ずかしく思う必要などありません。そういう動物を、低次元な行為へと解放してしまうから、恥ずべきことになるのです。

ルーサー・バーバンク（1849〜1926年／アメリカの植物学者、園芸家、育種家）は次のように言いました。


『遺伝の影響は大きいのですが、その遺伝とは何でしょうか？

それは、過去のさまざまな世代、また、環境から獲得した、人々の歩む道に連綿と続く、感動的な生命の総計なのです』

それが内なる意識に、強弱さまざまに存在するのです。

必要であれば、過去から蓄えてきたことを呼び覚ませます。

しかし、それだけを無闇に解き放つのではなく、自分の理解や意志によって、意識して引き出し、表現すべきなのです。

また、潜在意識には、自分や他の人たちから与えられた暗示、それがたくさん入っている不思議な倉庫があります。

そしてそこには、よいものもよくないものも入っているのです。

この倉庫には、好き嫌いに関係なく、無数の印象、アイデア、意見、偏見、考えなどが詰まっています。

そこから「思い」や「習慣となっている考え方」が湧いてきて、心を占領するのです。このほとんどが、あなたが過去に思い込んだことや他人の意見です。それが無意識に取り込まれていたのです。

この怪しい倉庫には注意しなければなりません。自分を助けるものが出てくる場合もあれば、害するものが出てくるときもあるからです。

そこで、倉庫に建設的な暗示を送り、害される恐れのある思い込みや、よくない習慣を打ち消していかねばなりません。これは重要なことです。


他の倉庫には、印象や「記憶」が保存されています。

そこには人生を通して受け取ってきた、無数の記憶や印象が記録されています。

はっきりとした印象として残っているものは、鮮明な記憶として再現できるものもあります。

不鮮明、不明瞭である印象は、再現するのが難しい記憶です。


記憶とは、音声レコードその他の記録装置と違い、何度も使っているうちに傷みが出てきて、完璧に再現できなくなるということはありません。記憶は何度再現してもつねにはっきりしています。

しかし、過去の出来事をはっきり思い出そうとするときに、事実でないことが組み合わさる場合もあります。

記憶と空想はたやすく組み合わさります。

それで、再現時に、真実と嘘の両方が表れる場合もあるのです。

たとえば、尾ヒレのついた話がそうです。

本来の話に新たな印象が混入し、ノンフィクションがやがてフィクションになり、実際とは似ても似つかないものになってしまいます。

なぜ、「嘘をついているうちに、それを実際に信じ込んでしまう」人がいるのかということです。

記憶の銘板上《めいばんじょう》に新しい印象が繰り返し彫り込まれるなら、それがはっきりとしたものになり、やがて真実に混ざって記録されるようになるのです。

正直な記憶のコレクションを維持するためには、

もとのものに偽物の印象を植えつけないように注意しなければなりません。

潜在意識は日常でも記憶を表面へと送り出しているのですが、極度に疲労したとき、あるいは突然、危険に見舞われたとき、また重大な局面に直面したときなどには、洪水のように記憶があふれ出てくる場合があります。

『生涯でのさまざまな活動――もちろん生涯のすべてではありませんが――、それが記憶のスクリーンに蘇るときがあります。稲光のように速く、はっきりと再現されるのです。

高い橋から飛び降りるのを得意とするある有名なジャンパーが、ブルックリン橋から飛び降りるという記録を作ろうとして、川に飛び込みました。

しかし、川に達するまでのたった数秒間に、生涯のあらゆることが順番に出てきたと言っています。

何年も蘇ってこなかった記憶が表れてくるというのは、こういった刺激がなければ眠ったままでいたかもしれません。

こういう例は溺《おぼ》れかけた人によくあることです。

あるいは蘇生《そせい》された人、数秒間意識を失っていた人にもあるようです。

人生で体験した記憶が突然、驚くほど鮮明に蘇ってくるのです。

まるで直感というものを無理矢理与えられたように、はっきり認識できるものなのです』

また高名な人たちが、潜在意識の記憶能力について論じています。

『知識は記憶から生じる』（フランシス・ベーコン）

『イメージとは感覚のようなもの。
なぜなら回想や記憶とは、
過去に獲得した感覚、
それの作り出すイメージなのだから』（イポリット・テーヌ）

『記憶とは重要な基本的能力であり、
それを他人が培ってくれはしない。
それは物を作るための鋳型《いがた》のようなもので、
それがなければ、
考えにも脈絡がなくなってしまうだろう』（ラルフ・ワルド・エマーソン）

『再現できるほどに記憶が蓄えられていなければ、
心は何もできない』（エドマンド・バーク）

『臓器や神経組織にも記憶する能力がある』（ジョージ・トランブル・ラッド）

『記憶とは黄金の糸のようなもの。
それが奥にある精神の賜物を引き出すのだ』（フード）

『記憶とは理性の宝庫、
想像の本棚、
良心の登記簿、
そして、さまざまな考えが会議する場である』（ジャン・フレデリック・バジル）

『結局、所有するものとは記憶しかない。
それ以外に何を持っていても、
富んでいるとも貧しいともいえない』（アレクサンダー・スミス）

『今世紀中に刊行されたすべての本を読むことより、
一日、あるいは一週間の生活で、
思い、感じたこと、
そのすべての完璧な記憶を持ちたいものだ』（ラルフ・ワルド・エマーソン）

内なる記憶は、私たちのすぐ近くにあるのに、それを人々は拒んできました。

記憶の大切さを実感するなら、それにつれて、心の狭い活動など比べ物にならないほどはるかに大きい、潜在意識が存在するのがわかるでしょう。

そして心とは、記憶の映像を映し出す、「遠くの想念を近くに見る望遠鏡」、「近くの想念を拡大して見る顕微鏡」に例えられます。ときには、二重に映してしまうこともあります。

・レッスン3・

記憶を引き出しやすくする練習

何処《どこ》かに行ったときに見た景色、あるいは人の顔を思い出してみましょう。どのくらい思い出せるでしょうか。意外と記憶が曖昧《あいまい》だったりするものです。

そのときの情景を撮った写真があると、そこで何を考えていたか何を話していたかなどが甦《よみがえ》ってくるものです。さらに、あたかもそこにいるかのように、ワクワクした感情なども湧き出してくるかもしれません。

写真がなくても、目を閉じてそのときの情景をひとつずつ丁寧に思い出すと、潜在意識がさまざまな記憶を引き出してくれます。

fourth Lesson
レッスン4
——記憶の倉庫

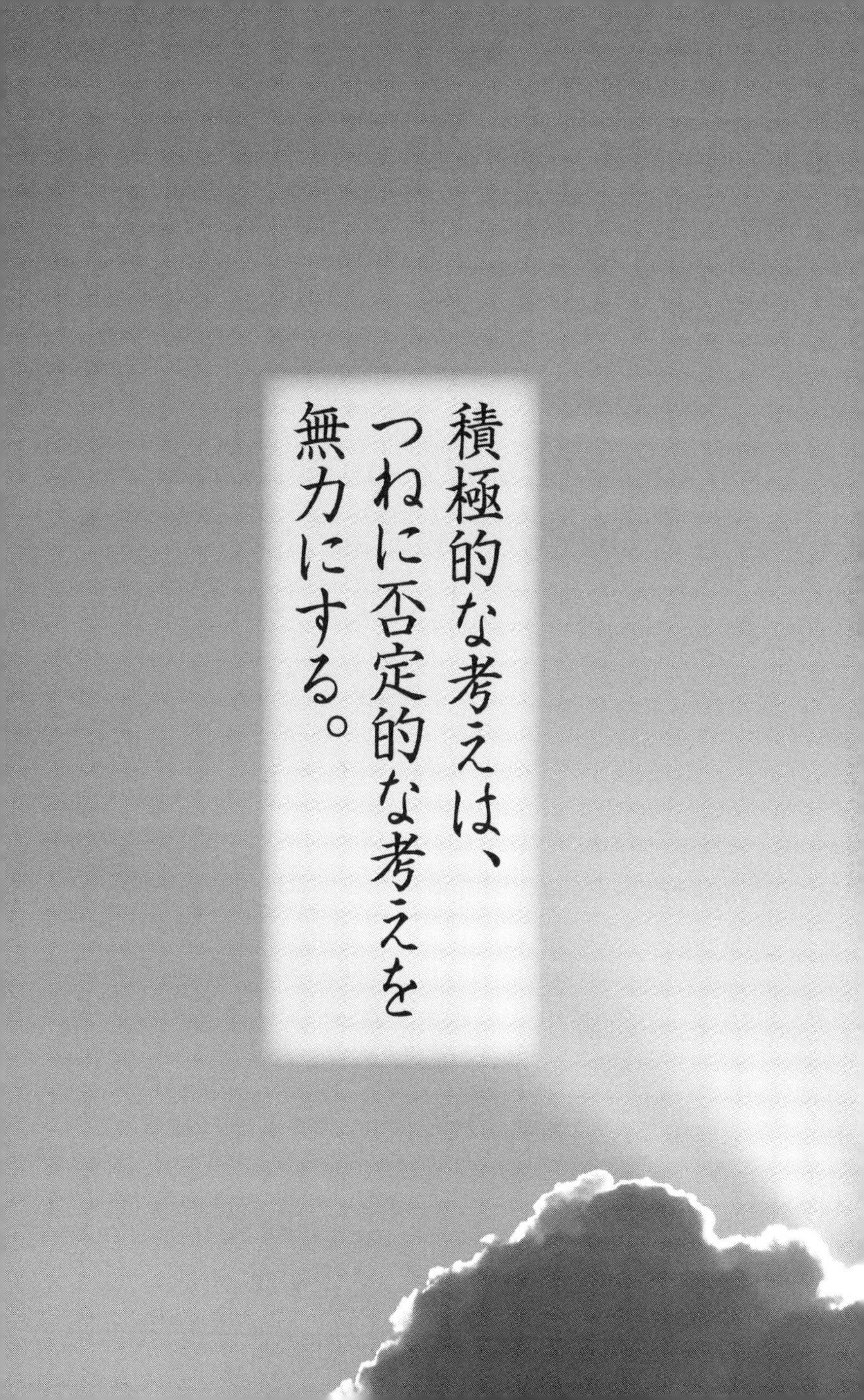

積極的な考えは、つねに否定的な考えを無力にする。

内なる意識には、考える素材をたくさん蓄えた巨大な倉庫があります。

その倉庫から工場に素材が運び込まれると、考えたり、行動したりするための素材が作られます。


巨大な倉庫にある莫大《ばくだい》な量の品物は、数えきれないほどたくさんの先祖が蓄えてきたものです。それが絶えず搬出されて行くのです。


あるいは自分の抱いてきた、よい思い、よくない思い、その他膨大《ぼうだい》な素材、つまり商品が倉庫に蓄えられています。

こうしたものが「自分の性格」や「個性」のもとになります。

ですから、この偉大な倉庫に物を蓄えるときは、特に注意しなければいけません。

また、過去の考えや行動などより、現在の考えや行動、性格こそ重要です。

いまの考えや行動、性格などが、将来の考えや行動の重要な素材になるのです。

それが、あなたの心の貯蔵庫にあります。これは心理学で言われていることです。現在の「性格」とは、その大部分が過去の暗示、あるいは思いから成り立っています。つまり、潜在意識の幾つかの貯蔵庫にしまわれていた物から出来上がる織物です。

しかしこれを理解する人は少なく、また、その原理をどう生かせばよいか考える人など、ほとんどいません。

家や商店を建てるとき、建築業者は、資材が最高のものであるか慎重に調べます。また製品を作る人は、素材の等級に注意を払い、最高の商品にしようと思います。出来上がったものは、買い手が満足してくれるようにと、係の人が点検し、不完全なものや満足ではないものをはねのけます。

そういう作業が現実の社会で行われているにもかかわらず、私たちは、自分の考えや気分、心構えなどを生み出す素材には、ほとんど注意を払って来ませんでした。

しかし、注意を払うには、良識が必要です。そこで、「自分は」どういう思いを「積み重ねていきたい」のかを考えましょう。それを考えるだけで、気持ちが変化していきます。

有害な、あるいは否定したり、気落ちしたりするような思いをすべて受け入れるなら、しだいにそういった思いに馴染《なじ》んでいきます。たとえ毎日を新鮮に感じていようとも、否定的な思いは倉庫に蓄えられて行き、それが将来紡ぎ出されて「思い」となります。

心の「習慣」、つまり気持ちの傾向、あるいは気の持ち方は、自然に蓄えられ、さらに次の思いへ、大きな影響を与えます。

習慣や習癖は、過去の素材を利用しているのです。そのことについてもう少し、みていきましょう。

「人生」を、勇敢に、大胆に、確信をもって挑まなければならない場所であるとするなら、内部に否定的な思いの素材をぎっしり詰め込んだ人にとっては、日常がなんと厳しいものになるでしょう。

直感、あるいは思いは「習慣上」すべて否定的な方へと向かいます。

すぐに気落ちし、両手を上げて「ここで得られるものなんて何もないじゃないか！」と叫ぶでしょう。

それは本人の心の中にある素材すべてが暗灰色《あんかいしょく》の否定的なものであり、もろく、価値のないものばかりだったからです。

しかし、これまでの否定的な思いや暗示などはスクラップの山へと放り投げ、否定的なことをたやすく受け入れる「習慣」を拒否し、明るく、朗らかに、積極的な思いや暗示を蓄えてきた人は、自分の思いや行動をうまく作れます。

つまり、最高の素材を使う仕事は、他人が手伝うことはできませんが、本人の「心という機械」は、最善を尽くしてくれるでしょう。

これは、人を「喜ばせ」たり、「話を盛り上げ」たりすることよりはるかに重要です。多くの人がこのことをよく理解するなら、古臭い世の中が、もっと明るく朗らかな場所になるでしょう。これも心理学的事実なのです。

これを上手く行う「秘密の方法」などありません。実行するしかないのです。

あなたの心に、否定的な思いや、憂鬱な望ましくない思いを生じさせる考えを同居させてはいけません。

それがあるなら、堅実で望ましい素材へ置き換えるべきです。

心に否定的な思いがやってきたときには、「私には、それをスクラップの山に捨て去る貨物自動車がある！」と退けましょう。

希望のある、明るく、積極的で、楽天的な思いや考えを持つようにすることです。

そして、そういう思いを蓄えてください。

その一つだけでも、精神の倉庫には正しい素材がどんどん増えていくはずです。

あなたを心配させ、落胆させるような過去の思いを持ち出してはいけません。

それが出てきたら次のように思いましょう。

①心を新鮮な水が入る容器にたとえます。

そこに新鮮で澄んだ水を注ぎましょう。

泥水は吐き出され、新鮮な澄んだ水になっていきます。

あなたが望む思いを注ぎ込むとき、長い間溜まっていた、猛毒の泥は消え去り、澄んだきれいな水になって行きます。

②あるいは、暗い部屋にたとえてもよいでしょう。

部屋を明るくしたいのであれば、カーテンを開けて光を入れましょう。そうすれば暗闇は消えて行きます。

『「積極的な」考えは、つねに「否定的な」考えを無力にして、それを高度なものへ置き換える』

という昔からの教えがあります。

内なる意識の倉庫に蓄えられた素材は、意志と忍耐によって、新鮮で有意義な素材へと交換されます。こうして性格や性質を一新できるのです。

心が油断しているとき、あるいは受け身の姿勢でいるときには、これまでの人生を通して拾い上げてきたものや、他の人の意見、暗示、また受け継がれてきた考えや感情などが表れます。

そうなると、心とは環境によって作り上げられ、使役される奴隷《どれい》のようなものになってしまいます。

そうであるなら、心を奴隷の状態から解放し、意志によって、逆に、環境の主人になれるはずです。それによって過去から蓄えてきたガラクタを捨て去ることもできるのです。

明るさ、新鮮さなどは、将来の思い、あるいは行動のもとになります。それらを生み出す強靭《きょうじん》な素材を作り上げるようにできるのです。

つまり心とは倉庫の番人なので、「個性」を作り変えるときに必要です。

無能な、注意力が散漫な助手などは解雇すべきです。それがばかげたことを蓄積させてきたのです。

心を猛追し、蓄えてきた素材の中から、あなたにとって必要なものを精選しなさい。

そうすれば、考え方や行動が最高の品質へと変わり始めるでしょう！

・レッスン4・

思い込みや暗示をなくす練習

思い込みや、暗示から解放される練習です。

ゆったりできる時間を作り、自分を束縛《そくばく》する場所やネガティブな思いを想起させる場所から離れて一人だけになります。十分に落ち着くのであればカフェのテラスでもいいでしょう。もちろん一番落ち着ける自分の部屋がよいかもしれません。静かに流れる曲を聴きながら、あれこれ考えません。

あるいは、夜空にかかる月を眺めるのもいいでしょう。

海や山に行って、静かに流れゆく雲を見るのもいいでしょう。

アトキンソンはここで瞑想することをすすめてはいません。ここで瞑想は必要ありません。ただ、リラックスしていればいいのです。

そうしているだけで、いつの間にか、思い込みの連鎖反応は抑えられ、あるいは連想に続く連想は消え去り、静かな穏やかな心になっていくでしょう。

毎日の生活の中で生まれてくるネガティブな思いはたくさんあるでしょう。あるいは、自分の気持ちに反して、こうしなくてはいけないという押しつけにも似たことに、従わざるを得ないときもあるでしょう。このようなことを続けていると、心はネガティブになっていきます。

そういうときにこそ、一瞬でも心を解放してあげると、心は和んできます。

濁《にご》った水の入った容器に新鮮な水を注ぎ続けると、溜まっていた泥水は吐き出されてしまうと言っています。

真っ暗な部屋に光が差し込むと、一瞬で明るくなってしまいます。光は闇を消し去ってくれるのです。

まずは、リラックスして心をゆったりさせることで、ポジティブな思いへのスイッチが入り、より積極的な考えや発想がでてきて、心の中にあったネガティブな発想が消え去ってしまいます。

辛いときにはその辛さに意識を集中しがちですが、そういうときにこそ、心をリラックスさせることが大切です。いわゆる、心のリセットです。

大切なのは、窮地に陥ったときこそ、心をリラックスさせることです。これを習慣的にできるようになると、つねにポジティブな思いを持って生活していけるようになるでしょう。

Fifth Lesson
レッスン5
——自分を「作り変える」

よい材料を蓄えることができるなら、
自分を大きく
作り変えることができる。

内なる意識を科学的に利用して、自分を「作り変える」にはどうしたらいいでしょう。

そのためには潜在意識のことをよく知り、心理学で認められているような心の働きを観察し、心を再調整する必要があります。

そうすれば、心が取り上げる素材も変化し、自分を作り変えるのにふさわしい素材が、蓄えられていくでしょう。


この変化は「個性形成」の変化と呼んでいいでしょう。そしてそれが本当にできるのです。

個性は内なる意識に大きく依存しており、潜在意識が影響を受けるものは、何でも個性に影響を与えるからです。

個性という言葉は「物や人を区別する固有の性質、品質」という意味で使われますが、この言葉の起源には、もっと深い意味があります。

個性（Character）とは、ギリシャ語の「彫る」「彫り込む」という意味からきています。

また、それより以前、煉瓦職人《れんがしょくにん》が、自分の作った煉瓦の「商標」として刻んでいたものだったとも言われます。

つまり「個性」とは、人の思いのもととしての実体、潜在意識に刻印されたものであるとも言えます。

人の個性とは、普遍なる自然法則のもとに各人に与えられたものです。

そこで、個性を変えるとか改善するなど、できるはずがないと言われてきました。

しかし、実践心理学者の中には、次のように述べる人もいます。

『個性とは表面的なもの、

気持ち、精神状態によって修正され得るものだ。

つまり、意志によって、
改善、変更できるのである』

心理学でも、潜在意識の働きが認められるようになってきました。

また、個性とは、潜在意識が蓄えている素材、そこから作られる生地だと言われるようになりました。

そこで、潜在意識が所有する貯蔵庫に、自分の望む素材を蓄えるなら、それに見合う個性を作り出せるはずなのです。

望む「原材料」を適切に蓄えることができるなら、自分を大きく「作り変える」ことができるはずです。

これは子どもや大人に関係なく、自分の努力しだいで、できるのです。

潜在意識の活動は、脳から独立した、捉え難い、影のような、無形の「心」のようなものと言えます。

しかし、外面、あるいは表面の心の活動と同じように、潜在意識の活動も、脳を通して表れます。つまり、脳は心にある臓器と見なしてよいでしょう。

脳も、身体のように莫大な数の細胞から構成されています。

「原形質」つまり「基本的な生命」物質から成り立っているのです。

脳細胞の数を五億から二十億と見積もっている人たちもいます。それが人の精神活動に携わっているのです。

その上、非常事態に備えて、たくさんの細胞が予備部隊として、つねに待機しています。

脳は必要に応じて神経細胞を「増加」させるわけですから、人の心の容量には際限がないと思われます。

脳細胞は、ほんのわずかなことでも積極的に、また、ほぼ自動的に活動をしています。

したがって、使われていない部分は、ぎこちない働きとなり、やがて衰退していきます。

そうであるなら使われ続けている細胞たちが、個性に顕著な影響を与えているわけです。

そこで日常、脳を望ましい個性となるように使っていくとき、個性は大きな変化を受けるでしょう。

しかし、望ましい個性を伸ばしたいというだけではだめなのです。

どういう個性を、

どのように伸ばしていきたいのか、

それをうまく引き出すように努力しなければなりません。

たくましくなろうと筋肉トレーニングをします。
それと同じように、個性を伸ばすには、心をトレーニングしなければなりません。
また同時に、それを阻害するものを排除したり、抑制したりしなければなりません。
そうするなら、ますます魅力ある個性へと向かっていくでしょう。

『感情は抑制できる。
しかし、ひとたび感情を表に出すなら、
ますます感情は大きくなっていく』(ヘンリー・ハレック)
『感情で熱くならないように、それを心がけると、やがて感情は過ぎていく。
怒りが昂じる前に十数えなさい。そうすれば、怒っていること自体がばかばかしく
思えるでしょう。

感情的にならないように忍耐強くなることは、けっして格好をつけていることではありません。

一日中、座ってふさぎ込み、ため息をつき、何についても憂鬱な返事をしているなら、憂鬱な気分など抜けません。

ここで道徳教育上必要な指針などありません。

望ましくない感情を、努力して征服しようとすることです。

感情を昂《たかぶ》らせず、努力して冷静になるようにすべきです。

眉間《みけん》にしわを寄せず、目をしっかり開き、背筋を伸ばし、穏やかに話し、優しい賛辞を送ることです。

それでもだめなら、冷静でいるだけでいいのです』（ウイリアム・ジェームズ／心理学者）

自分を「作り変える」際に忘れてならないことは、「望ましい個性を作り出す素材」も、また「望ましくない個性を作り出す素材」も、潜在意識の特別な貯蔵庫に詰まっているのです。

それを忘れずに、よい素材を集めるようにしましょう。

望むものをはっきりと思い描きましょう。

『いつも思っているなら、上手くできるものだ』

とは、古来からの神秘な言葉ですが、その原理を使って、自分を改善できるでしょう。

その原理とは「心にイメージを思い描き」物事を創造するものです。

それは、望ましい個性を引き出すために、精神の鋳型を作るようなものです。

心のパターンとなる鋳型は、望ましい表情を作り出すための「原型」です。

そこで、心にイメージをはっきり描き上げるとき、明確に成果が現れるようになります。

あなたの望む「物事への気持ち」は、いつもはっきりしていますか？
それが大切です。その気持ちでいるのなら、上手くできるでしょう。
これは心理学の法則です。
変化は、あなたの人生や、あなたの周囲の状況からわかってくるでしょう。

誰もがいつも無意識に、心にイメージを思い描いています。
しかし、それは自分の理想でしかないと思い、済ませています。

個性は、意志や判断、暗示、そして他の人の意見から成り立っています。そこで私たちは、現在の自分の精神の鋳型《いがた》が望ましいものかどうか、つねに点検する必要がありそうです。

アリストテレスは、人の思いについて次のように書いています。

『封をする蝋《ろう》が、すぐに固まって封印の役目をするのと同じように、わかりやすい幻想はすぐに思い描けて、その効果が現れる。

つまり、幻想のもとになる何らかの形、あるいは種子が、心にあるに違いないのだ。

その形や種子を認識すると、幻想はさらに拡大され、忘れ難くされるのだろう』

アリストテレスが考えたように、心のイメージは想念を組み合わせる鋳型です。

そして、その想念は、潜在意識から送られてくるのです。

『心のイメージとは、価値や重要性を引き出すガイドであり、また、監督でもある。

何かをしようとするときには、まず、心にアイデアやイメージを持たねばならない。

はっきりと正確に思い描くなら、正確に、効率的に、目的が達成されるようになる。アイデアやイメージが心に影響を与えるから、思いが遂行できるのだ』（デビッド・ケイ／著述家）

『イメージが正確であるなら、それを繰り返し思い描くか、それに沿ったことを繰り返し行うことによって、イメージしたことが実現する。

つまり、それに沿うことを繰り返し実行することで、以前よりも、もっと正確に、明確に、心のイメージ通りのものが実現するのだ。

そしてイメージが明瞭に、正確になるにつれて、上手く実現するようになる』（デビッド・ケイ）

したがって、自分がそうなりたいと根気強く願い、決断することで、自分を「作り変える」ことができるのです。

心のイメージによって、必要な素材が、潜在意識の貯蔵庫にたくさん入ってくるでしょう。

それによって、あなたが徐々に成長していくのがわかるはずです。

そして、あなたのこれまでの気持ちや感情、行動などは、新たにセットした鋳型へと、しだいに適合していくのがわかるでしょう。

貯蔵庫に蓄えられる素材は「静かな」心の働きによって、表面へと引き上げられ、新たな想念や思い、感情、行動となります。

それによって、あなたの雰囲気、印象は一新するでしょう。

あなたが蓄えてきた素材に見合う「品格」ができ上がってくるのです。

コットンから絹を作り出すことはできませんし、安い材質の繊維から、黒いラシャ地の高級紳士服は作れません。

また、最低限必要な家具を備えるまでは、家に安住することなどできません。

個性や自己を作り出す素材は日々供給されています。それによって、個性や「自己」は日々更新されているのです。

潜在意識、つまり内なる意識を知ることは、個性や自己の秘密を解く鍵なのです。

・レッスン5・

自分の感情に気づく練習

① 毎日出てくるいろいろな感情をメモする

ノートを用意して、その日に出てきた感情を、一日の終わりに書き出してみましょう。すると、自分の感情のパターンが何かしらわかるようになってきます。

ただ単に怒りっぽいとか、泣き虫だとかではなく、もっと深いことが何となくわかるかもしれません。

まずは、自分の感情に気づくというだけの練習です。それを克服する練習ではありません。

例　2015年10月14日（水曜日）

怒り、イライラ

感謝。感想：今日はちょっと怒りっぽかったかな。

年　月　日（　曜日）

年　月　日（　曜日）

年　月　日（　曜日）

②なりたい自分、改善したいことを書く

自分の中で、改善したい部分、あるいはこうなりたいというものは何でしょう。

それを書き出しましょう。そうすると、そのための素材が取り入れられるようになります。

◎改善したい部分

◎こうなりたいなというもの（具体的に）

◎そのための素材にはどのようなものがあるでしょう

◎今日は自分でそれができたでしょうか？　あるいは、行動することができたでしょうか？

大きく変えようと思わずに、ほんの一センチ、ほんの一ミリでも変えられればいいのです。

焦らずに、焦らずに根気強く続けてください。

あなたが変えるのではありません。

あなたの中にある潜在意識が鋳型を作るのです。

鋳型を作るのに時間がかかって当然です。

ゆっくり、ゆったり、でも、自分から思い、自分から行動する必要があります。

Sixth Lesson
レッスン6
―意識しなくても考えている

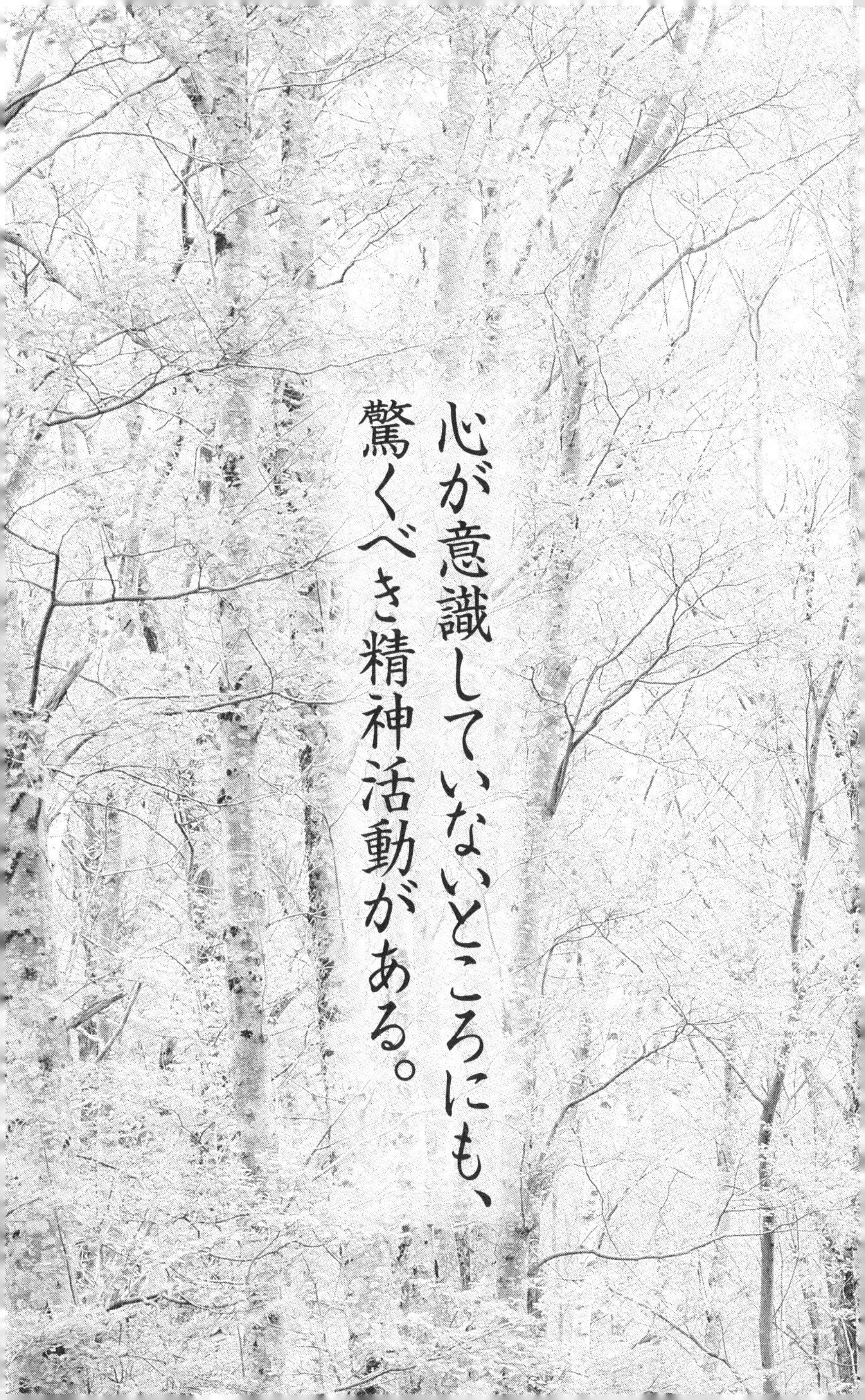

心が意識していないところにも、
驚くべき精神活動がある。

心は「意識しなくても考えている」場合がある、と心理学では言われます。
問題や疑問を解決しようと一生懸命に取り組んでいるとき、それがすぐに解決できそうもないと、考えるのを止めるときがあります。

そしてしばらくすると、突然、答えがひらめくことがあります。
もちろん、自分では何も努力をしていないのに、それがやってきます。

『突然、答えを受け取ったとき、何らかの存在と神秘的な力で会話をしているようで震え上がった』
と表現した有名な著述家もいます。

名前、言葉、日付などを思い出そうとしても、なかなか出てこない経験のある人は多いでしょう。

ところがしばらくして、突然、内なる意識、潜在意識から、心へと答えが与えられる場合があるのです。

それを「ひらめき」といいますが、実は、潜在意識が本人の要求にこたえてくれたものです。

『いわば〝無意識に熟慮〟しているところから、新たな解釈や視点が、静かになった心へやってきた』と表現する著述家もいます。

数日後、数週間後、あるいは数カ月後に、これまでの自分の考えとはまったく異なる、新たなものが、内奥から与えられるのです。

この働きを「潜在意識が消化、吸収してくれた」という人もいます。

まさに、滋養物を消化、吸収する身体の働きに似ているからです。

ウィリアム・ローワン・ハミルトン卿（1805〜1865年／数学における高次複素数の四元数《しげんすう》を1843年に発見。10歳で10カ国語を話せたという天才）は、ある日、ダブリン観測所あたりを歩いていました。

するとと突然、電気ショックのような衝撃を受けたのです。

『それはまるで、たくさんの考えがリングに詰め込まれているようなもの』でした。

そのスパークによって、悩んでいた重要な数学の原理がわかったというのです。それが現代ではよく知られている数学の重要な法則の一つになっています。

心理学者のトンプソンは、これに関して次のように述べています。

『ときどき、心が意識していないところからくる印象を感じることがあります。

それが心にはっきり働きかけてくるのです。

そういう印象を、本当に何度も、無抵抗に受けてきました。

この無意識のプロセスを受け入れるには、いつ印象がきてもいいように待つという習慣をつけねばなりません。

そのためには、無意識のプロセスがうまく働くように、つまりよく消化（理解）してもらうように、悩んでいる問題から離れていなければならないのです。

私は「心理学のシステム」という本を書くのが一カ月も遅れたのですが、内奥の権威者たちはそれを与え続けてくれました。

私はその本をどう書こうかなどと悩みませんでした。ただ、通りゆく人々を、窓から観察しているような状態だったのです。

また、ある晩、新聞を読んでいるときのことでした。

本の原稿の不足している部分が、心の中に閃《ひら》いたのです。

それで書き足すことにしたのでした。

こういう体験は、いくつかある体験の中でも、ほんの一例でしかありません』

フランスの高名な化学者マルセラン・ベルテロは次のように言っています。

『化学における驚くべき発見は、推論から導き出されたものなど、ほとんどありません。むしろ、青天《せいてん》の霹靂《へきれき》のように、突然与えられるものです。

偉大な作曲家のモーツァルトが次のように述べたのと、同じようなものです。

「自分がどうやって作曲したかということなど説明できません。

アイデアが流れてくるのです。

それがどこからどうやってきたのかなどわかりません。

また曲のある部分を断片的に聞くのでもありません。

すべてを聞きます。

そして、それをただ再現するだけなのです』

トンプソン博士は次のように述べています。

『数日から数週間すると、

ようやくテーマに関する知識がまとまってきます。

それを整理して書きはじめればいいことです。

そして、できる限りのことを引き出し、高度に完成させるだけです』

アメリカの医者であり作家のオリバー・ウェルデン・ホームズは次のように述べています。

『心がさまざまなことを考え、絶えず忙しい状態であっても、かすかな講演を聞いているかのように、答えが自然と流れてきます。

強い誘導電流によって、長々とした考えを心が引き出そうとしているのに、その答えは才知に長け、弱い電流のように、しかし素早く流れてくるのです』

ヴィルヘルム・ヴント（ドイツの哲学者、生理学者）もこのことに関して次のように述べています。

『心が意識していなくても得られるプロセスでは、そこから得られるものにエラーもなく、確実で、規則性があります。

実は、私たちの心はとてもうまく作られているのです。

私たちは、この論理的な過程を少しも疑うことなく認識できるように、つねにそのための基盤を維持しているだけでいいのです。

心が意識していないところにある魂は、慈悲深いが、見知らぬ人のようであり、それなのに、私たちのために考え、働き、蓄え、注いでくれている』

『啓示は、心が意識していないところからやってきます。
それは新鮮でアイデアに満ちていて、心を動かすものです。

私たちの知識はそこから程遠いところにあるため、
それについて判断することなどできません。
だからつねにそれを理解できないでいるのです。

心自身が意識していないところで生じるもの、しかしそれは、心が意識している、
そのほんの近くで起きているものなのです。

直感の大部分は心が意識していないところから生じますが、
それが真実かどうかは日常的なことで推察するしかありません。
おまけに、心が日常意識している物事のすぐ近くで起きているのに、心が抱いてい

る考えとまったく違うことを知り、いつも驚かされます。

私たちの生活は、それが社会的なものであろうと、あるいは知的なものであろうとも、心の意識しない部分の影響を大きく受けています。

会社では、家族といるときとは違う態度を無意識にしています。そういうときには、行動も無意識な部分からの影響を受け、変化するようになります』

このことについて、他の著述家が述べています。
『このことは、それまでとは異なる生活、異なる服装、異なる環境に置かれると、物事に向き合う姿勢が変化してくることからわかります。
つまり、まったく無意識に、状況に適応するように、身なりや行動が変化するからです』

ジェンセン（Jensen）は次のように書いています。

『私たちは無意識に、外界に何かを反映させようとしています。

また、自分自身にも何かを反映させようとしているときもそうです。

自分の中を過ぎ行く思いに気をとめていないはずなのに、意識せずとも、そうなっています。


やがて突然夢から覚め、なぜこんな態度をしているのか、なぜそのような答えを得たのかわからないが、そうなったことを受け入れるしかありません』

他の著述家は次のように述べています。

『心では意識していない部分から、なぜ答を得られるのか、その説明などできません。

それに、どうして心は、その答えをしっかり受けとめることができるのでしょう』

ウィリアム・ローワン・ハミルトンや他の心理学者は、一列に並べたビリヤードの球に、このプロセスを例えました。

『一つの球を、球の列の端にぶつけるなら、その刺激が球を通じて伝わり、向こう端の球だけが動きます。

他の球は位置を変えません。

いわゆる、初めにぶつかる球は潜在意識の動きで、向こう端にある球は表面の心の動きを表しています』

心理学者のルイスはこの考え方にさらに付け加えて、次のように述べています。

『ハミルトンが述べたことは、ひとつの考えから次の考えが引き出されることを示しています。

つまり、心が意識していないところで判断、推論が行われ、
また、蓄えられている記録も参照されるだろう。

そして考えが次々と引き出されていく。
しかし、表面で気づくのは、そのうちの一つでしかありません』
心に上ってこない考えにイライラすることがあります。
しかし時間が経つと、それが突然与えられて驚くのです。

『言わなければならないこと、すべきことなどが、心の知らないところに秘められています。しかしそれは、心地のいいものではありません。
心は何とかそれを知ろうとします。
そうすると内奥の考えが爆発的にやってきて、
それで心はやっと安心できるのです』（ヘンリー・モーズレイ）

『けっして表面に出て来てくれない考えがあります。
それを知るには、まるで天空の惑星を探るときのように、見えてくる（与えられる）

のを待つしかないのです』（オリバー・ウェンデル・ホームズ）

『ボストンに住むビジネスマンのことを話しましょう。

彼は、解決しなければならない問題があり、頭を悩ませていました。

しばらくすると、なぜかそのことを考えなくなっていました。

自分でも不安になり、頭が麻痺し始めたのかと怖くなってきました。

ところが数時間すると、よく練られた解決策が、自然と湧いてきたのです』（オリバー・ウェンデル・ホームズ）

こういう体験は誰にもあることです。

「意識しなくても考えている」ことがあります。

それは「無意識の熟慮」と呼ぶべきものでしょう。

Sixth Lesson
Inner Consciousness

有名な数学の天才、ゼラ・コルバーン（Zera Colburn／1804〜1839年／7歳まで知的障害と思われていたが、父親が繰り返し教えるようになって数学的な才能を発揮しはじめた）は、その最も顕著な例です。

この人物は、最も難しい数学の問題を、意識して（努力して）解かずとも、自然に解けてしまうという、驚くべき才能がありました。

七歳のとき、彼は算数など何もできませんでした。
それなのに、数学の難問を、図も鉛筆も紙も使わずに解いたのです。
これこそ、直感、内なる声、つまり潜在意識によるものです。

彼はこの方法によって、ある年数が何時間であるか、何分であるか、何秒であるかということを、瞬時に答えるのでした。

また、二桁、三桁、四桁の掛け算の答えを、すぐに正確に出しました。

計算の速さは、不思議なその実例でした。例えば次のようなことがありました。

『友だちと集まっていたときのことです。

次のようなことを彼がしたので、父は驚きました。

まず、８から８の２乗、８の３乗と計算していき、とうとう２８１，４７４，９７６，７１０，６５６という、８の16乗の答えを完璧に出したのです。

他の数でも挑戦しましたが、どれも10乗までできました。

どれも素晴らしい速さでした。

また、１０６，９２９の平方根を尋ねられると、すぐに３２７と答えたのです。

２６８,３３６,１２５の立方根も尋ねられましたが、すぐに６４５と答えました。

どのような質問にも、また、桁の大きな数字の平方根、あるいは累乗に関しても、難なく答えました。

ある紳士が、四十年は何分かと尋ねましたが、その質問を書いているときに、すでに２５,２２８,８００分と答えたのです。

そしてまたすぐに、１,５１３,７２８,０００秒と付け加えました。

自分では「心の中にどうやって答えがやってくるのかわからない」と繰り返し言っています。

算数に関しては完全に無学であり、学校で習う掛け算や割り算での単純な計算さえ、できなかったのです。

それなのに、平方根を求めることや、その他の高度な計算を即座に答えたのです。それも、ほとんど瞬間的に。

どれも難解であるために、通常の計算方法で行うと時間もかかり、骨の折れるものばかりでした』

不思議なことに、学校で計算を習い始めると、力は落ちていき、ついには成績のよい子よりも点数をとれなくなってしまいました。

次にあげるブラインド・トム（Blind Tom Wiggins／ブラインド・トム・ウィギンス／１８４９～１９０８年／アフリカ系アメリカ人。４歳でピアノを習得し、５歳で作曲したという盲目の天才ピアニスト）の場合も「意識せずとも考えている」ことのいい例です。

『貧しく、目が不自由で、音楽の知識などありませんでした。

しかし、その場で聞いた曲や、あるいは数年前に聞いた曲を、一度聞いただけで演奏できたのです。

曲はどれも細部まで完璧に再現され、そこに即興のメロディーや和音を入れたりもしました。

疑惑と物欲の世の中。しかし、人の心の隠れたところには、本人の魂がある。そのことを教えたくて、本人の内なる意識が動いてくれたのでしょう』

ここまで述べてきたことを「そのようなものは、単なる心の働きでしかない」と一蹴すべきでしょうか。

いいえ、そうではありません。
心が意識していないところにも、驚くべき精神活動があるのです。
たとえ、すべての人が経験していなくても、考慮されるべき事柄なのです。
それでもなお、それを疑う人は、「確かにそうだ。でもねぇ……」と言うでしょう。

・レッスン6・

ひらめきに気づく練習

「えーと、あれ、なんだっけ？」「あの人、どこで会ったのかな？」

毎日の生活の中で、思い出そうとしても思い出せないことはたくさんあるでしょう。

あるいは、何かいいアイデアがないかと探し回ったり考えることはありませんか？

「思い出せないこと」、「ほしいアイデア」などを、ノートに書いておくと、潜在意識がその答えを教えてくれるはずです。

ノートに書くときのポイントですが、たとえば、アイデアが欲しい場合、そのアイデアで何をどのようにするのかをより具体的に書くといいでしょう。そのアイデアが出たことで多くの人が喜んでいる状況を想像しながら書くのです。

Seventh Lesson

レッスン7

――内なる意識の助け

心に住む小さな妖精たちが、
思いを実現させるために
導いてくれる。

親切な「小さな妖精」あるいは「よい妖精」に関する民話や物語があります。

あるところに貧しい仕立屋、あるいは他の話では、親切な靴屋職人が住んでおり、妖精たちと親しくなる物語です。

職人やその家族が寝静まったころになると妖精たちがやってきて、テーブルやベンチに置かれた未完成の商品を、朝日が昇る頃までに完成させて帰るのです。

そして、仕立屋や靴屋は、妖精たちにとても感謝をするという話です。

小さな妖精たちは、小さな手で革を縫い上げたり、打ったりして、靴を作り上げます。

あるいは布をカットして服を作り上げたりするのです。

また、木で収納箱や家具や椅子、その他の物を作り上げるのでした。

職人は、素材を荒削りのままにしておきます。
すると小さな妖精たちが、それを「引き継いで完成」させてくれるのです。

なぜこれが潜在意識と関係があるのかというと、潜在意識とは、たくさんの小さな妖精たちが働いてくれているのと同じことだからです。

彼らを信頼すれば喜んで助けてくれます。
しかし、これは妖精物語のなかだけのことではありません。
前の章までに、潜在意識という助け手については多くの例を挙げました。

とくに「意識しなくても考えている」、つまり「無意識の熟慮」とも呼ぶべきことに関する、特徴的な例も挙げました。

潜在意識が、心では解決できないことを解いてくれたのです。

その事実は心理学者にもよく知られていることです。また、多くの発明家がこの法則を使っています。

潜在意識は、日時や名前を思い出そうとして、なかなか思い出せないときにも働いています。

そういうときには、努力して脳を苦しめる代わりに、それを潜在意識へと送るだけでよいのです。

「名前を思い出させてください」という無言の指令です。

そしていつもの仕事を続ければよいのです。

数分後、あるいは数時間後に、内なる意識の声が、突然、ポンと閃き、忘れていた名前や事柄が目の前にはじけます！

この親切な働き手、つまり「小さな妖精たち」の助けはよくあるものです。驚くものではありませんが、実は潜在意識が働いてくれたというわけです。そういうとき、落ち着いて、よく考えると、その与えられた答えは偶然でもなく、あるいは「なんとなく」与えられたものでもないのがわかるでしょう。あなたのために働いてくれたのです。そして、あなたの心の表面へと喜んで押し上げてくれました。

これまで、内なる意識を「貯蔵庫」とも表現してきましたが、そこには「小さな妖精たち」がいると考えてもよいでしょう。この小さな妖精に働いてもらおうとするには、これまでのように、心に絵を思い描けばいいのです。

貯蔵庫には、あなたに必要な、過去から蓄えて来た知識や印象、先祖の人生、その他さまざまなものが入っています。

また、無数の情報が、系統立てられず、整理されず、無造作に置かれている場合もあります。

そのときこそ、小さな妖精の協力が必要です。

そのために、あなたが無言の指令を出すわけです。

例えば明日、電車に乗るためには、朝四時に起きなければならないとき。

そういうときにも、小さな妖精たちが働いてくれます。彼らはあなたを四時に起こしてくれるでしょう。

また「そうだ、二時に誰々と約束したのだった」と、ふと時計を見ました。するとそれが、ぎりぎり間に合いそうな二十五分前だったかもしれません。これも小さな仲間があなたに閃《ひらめ》かせたのです。

これをマスターしようとするなら、潜在意識としての小さな妖精たちは、あなたを通して状況を観察し、間に合うようにと、素材から必要なものを作り上げ、そして知らせてくれるでしょう。

彼らはあなたから送られる情報を細部に渡って分析し、体系化し、手はずを整えてくれるでしょう。

それから記憶の奥底に貯蔵された素材と照らし合わせるでしょう。

ジグソーパズルのように、四散していた断片は集められ、ひとつの絵になり、忘れていた情報が引き上げられます。貯蔵庫では、いかなる駒も失われていないからです。

思い出せないことがあるかもしれません。

しかし、それは失われてしまったのではありません。

しばらくして何らかのものとつながって一つになり、閃きます。

「そうだ！　そうだった！」とわかるのです。

これも小さな妖精たちがしてくれたことです。


前の章でも紹介しましたが、忘れていたことを思い出すコツが含まれている、トンプソンの次の言葉を覚えておくといいでしょう。

『無意識のプロセスから結果を得ようとするのなら、わずかな答えでも見逃さないようにしましょう。

それを素材として、多くのことを得るようにしましょう。

大量に獲得しましょう。

そして、それから離れましょう』

潜在意識がそれを消化してくれます。

それが小さな妖精の働きです。

Seventh Lesson
Inner Consciousness

小さな妖精に働いてもらう方法はいろいろあるのですが、誰もがそれを無意識に、意図せずに、知らず知らずに行っているのです。

そのためには、まず「できるだけ知りたい！」という気持ちを明確にしましょう。また「答えは必ず得られる！」という気持ちで心の絵をはっきりしましょう。

そして「この問題に注目して解いてください。そして答えを教えてください」と潜在意識に言いましょう。

この指令は無言ですればよいのですが、大きな声でもかまいません。

それが強い願いになればよいのです。

それは、仕事のときに、相手にしっかりと、しかし、親切に語りかけるのと同じです。

同じように、潜在意識にも呼びかけましょう。

そのとき――これは重要な点ですが――、「答えは必ず得られるだろう」という期待を込めて行いましょう。内なる意識を信頼すればするほど、よりよい成果が得られます。疑いは邪魔です。

①一生懸命に切望し、

②期待されるものを得られると強く信じ、

③安定して要求すること。

これが、魔法のように実現するための三要素です。

それから、心をその思いから解放しましょう。他にすべきことがあるはずです。期限内に解決しなければならないときには、その答えを必要とする、まさにそのときまでに、答えはやって来るでしょう。

それは「乗る電車に間に合うように起こしてください」と小さな妖精たちに願うのと同じことなのです。

レッスン7

内なる意識に気づく練習

一日の中で、潜在意識からの声を聞いたことがあるか、あるいは、なんとなく自分の気持ちとは別に何かに従って行動してよかったと思うことがあるでしょう。そのような気持ちが一日にどのくらい出てきたかを書き留めておきましょう。できれば、具体的に何がどうだったのか、その結果も書いておくといいでしょう。

例　２０１５**年**11**月**３**日（火曜日）　潜在意識の声に従った**

１回目：初めて行った地方都市。カフェに入ったら旧友に会い、仕事が成立。

２回目：電話がかかってくることが事前にわかる。

合計　２回

年 月 日（ ）

年 月 日（ ）

年 月 日（ ）

年 月 日（ ）

合計 回

合計 回

合計 回

合計 回

Eighth Lesson
レッスン8
——洞察力あるいは先見の明

潜在意識の働きは、
洞察力そのものである。

チャールズ・ゴドフリー・リーランド（Charles Godfrey Leland／1824～1903年／著述家、心理学者）は、長い人生のほぼ後半生を、潜在意識や意志の働きに関する研究に捧げました。

もちろん「潜在意識」という言葉を使ってはいませんが、その存在を認めていたのは事実です。その理論は本書で進めてきたことにうまく当てはまるもので、とくに実生活に応用できます。

まず「意識しなくても考えている」ということについて、これまで説明してきましたが、「潜在意識、つまり内なる支援者」の働きとは「洞察力」そのものであると述べています。

「洞察力」とは、小さな妖精に頼んで、してもらうことでもあります。

そのことを本章と次章で説明しましょう。

リーランドは次のように述べています。

『洞察力とは、実は（内なるものの）強力な思いである。それは、ある仕事をしようと思った時点から始まっている。そして、それが意欲を喚起する。また、仕事に関する先見性にもなるのだ。

それを物理学的に描写してみよう。

まず、できるだけ大きな音でドア・ベルを鳴らそうとするのであれば、ノブをできるだけ後ろに引っ張って放すだろう。

ところが、引っ張る直前にベルを人差指で軽くはじいてから同じようにすると、音はもっと大きくなるのだ。

また、矢をできるだけ遠くへ飛ばそうとするのなら、弓をいっぱいに引いて放すだろう。

ところが、支えている弓を素早く押してみよう。

これは些細《ささい》なことですが、もっと遠くへ飛ぶのがわかる。

あるいは、切れ味の鋭いサーベルを使うには、引いて切るようにと昔から言われている。

打ち込むだけではなく、斧《おの》と同じようにわずかに引くのだ。

そうすると、絹のハンカチも、羊の肉も、切れる』

『洞察力とは、ベルを指で軽くはじくことであり、弓を素早く押すことであり、サーベルをわずかに引くことである。

それに似たことを、眠りにつく前、あるいは考えるのをやめる前に、軽く素早く行うなら、さらなる効果が期待できる。

これによって、もっと確実に、心に命じることになるからだ。

洞察力とは、仕事をする前に熟考することよりはるかに意義がある。

それによって視野が開け、実践に即したものになるからだ。

洞察力とは、行動するうえで欠かせないものであり、(内奥からの)衝動でもある。

また、行動へと向かわせる、小さな力とも言えるだろう。

この方法をうまく理解するなら、洞察はさらに深まり、行動しようという衝動も、さらに高まる。


自己暗示は興味や注意を喚起する。そして洞察力は、それをもっと大きくしてくれるのだ。


また、わずかな洞察力しか得られなくても、それをしっかりと保つべきだ。

洞察力を養うと、ナポレオンのように、一目見ただけで、それが受け入れるべきものかどうかが判断でき、受け入れるものであるなら、即座に受け入れようとするだろう。

この力は生まれつきもっている才能と思われてきたが、練習によって誰にでも育成できるのだ』

『洞察力を得るには、とくに自己暗示など必要ない。

洞察する、そして、それを信頼し、意志を強く持ちながら、自分としてできる限りの方法で、さらに洞察しながら行動すればよいのだ。

事前に洞察するのはよいことである。

それによって、すぐに精力的に動けるようになるからだ。

それが練習と繰り返しによって培われ、深慮によって、さまざまな出来事や、緊急事態にも、驚くべき威力を発揮できるようになるだろう。

初めは自分に暗示をかけながら行動をしている人も、やがて、普通に洞察力は磨かれ、物事を成功できるようになる。

洞察とは、
（表面の心に与えられる）ベル・ノブの軽打である。
それで序文が練られ、概要ができ、
提案すべき縮図が描かれる。
そして物事をはじめよう、
成《な》し遂《と》げようという決断が生まれる。

毎日、あるいは毎晩でも、簡潔に計画を練り、書きとめる習慣をつけてみよう。するとそれが活動しようという衝動となり、やがて洞察力の重要さが、また、ここで記述しきれなかったものがわかるようになるだろう。
それに慣れ、確実にマスターしていくなら、人生でのさまざまな緊急事態にも即座に対応できる力がついてくる』

『生まれつき心の強い人とは、挑戦する意志が強く、出せる限りの行動力と才能を使い、まさに、すぐに実行する人である。

スポーツ選手は筋肉を鍛えて、重い木も持ちあげられるようにする。

しかし、自己暗示で目的を達成しようとする人は、長い棒を、テコのようにして、重い物を持ちあげる人に似ている。

十分に練習を積むなら、強くなるだろう。

そのような人は、小説に出てくるヒーローのようになれるからだ』

『彼のライフルの腕前は素晴らしいものだった。

銃弾が、まるで彼の意志に従うかのようなのだ。

そう、彼は銃弾に指示を与えられるようなのだ。

久しぶりに興奮する場面に出くわした』

これは一瞬の動作ですが、いわばベル・ノブを軽打するように、瞬間的に狙撃に意志を集中させるのです。

これはいろいろなことに応用できます。

『洞察し、熟考することから意欲が生まれ、それが行動に反映される。

いつもそうしているなら、不意のときにも咄嗟《とっさ》に対応できるようになるだろう。

ジムで重いウエイトを持ちあげる練習をしていて気づいたことがある。

それは、コツさえつかめば、わずかな練習でうまくできるようになるということだ。

筋肉は、さほどついていないのに、コツさえつかめばうまくできることがわかった。

ウエイトを持ちあげるときだけではなく、詩を書くときでも、どのようなときでも、わずかなコツを教えてもらうと、改善する場合がよくある。

そのコツこそ洞察力を磨くものである』

『生活や仕事でこうしたいと思う、あるいは、こうあってほしいと願っても、それがなかなかそうならないと感じている人もいるだろう。

たとえば「明日の夕方四時に本屋へ行きたい。本屋へ四時に、四時に着けますように」と思い、願い、それを実現させるには、まず自分を信頼しなければならない。

しかし、あれこれ考えずに、内なるものに任せておき、自分はいつものことをしているというのは難しいものだ。

そうするには、自分を信頼しなければならない。

強い意志が必要になるときもあるだろう。

そして、どうすればうまく行くのか、忍耐強く、継続して行く必要があるだろう。


大昔、心を無限の力に明け渡すことで、人類はアルファベットを知った。

同じように、自己暗示や眠りの効果を信じるには、心を（無限の力に）明け渡し、願う状況を作り出そうとすることだ』

『信頼を得たいのなら、洞察力はいつでも役に立つ。

若い牧師や弁護士、その他の人たちが自分の経歴に箔《はく》え、多くの俳優が、わずかでも知識が不足していることを気にする。

人前に出るのを望む人、あるいは試験に合格したい人は、そのようなことに脅えるよりも、洞察力をつけるべきだ。

そうすれば、一人や二人に話すように、百人にも話せるようになるだろう』

『しかし、これをカードゲームのように、気休めで使ってはいけない。
それは自己暗示のときも、意欲を出そうとするときもそうだ。
また、気乗りのしないときに行っても効果は出ない。

忍耐力を最重要な位置に持ってくること。
そうしなければ効果は上がってこない。

冷静に、また強い意志で、そして忍耐強く続けるなら、確実にできるようになるだろう。
そして一つ達成できると、次の段階がもっと楽になるだろう。

ところが、金やダイヤモンドの鉱山を苦労して掘り当てたのに、その後は気を抜いてしまい、せっかくの成功が水泡に帰してしまう人が多い。

やがて疲れてきて、嫌になるか、気にしなくなるか、あるいはこういった方法を否定するかのいずれかになる。

洞察力がなければ挫折する。その信じ難い力をマスターするには、深く洞察して、よく考えることだ』

・レッスン8・

洞察力を磨く練習

洞察力とは、心の内側からやってくるもので、「物事を見通す力、見抜くこと」です。ひと言で物事を見抜くといっても、そう簡単なものではありません。たとえば、大リーガーのイチロー選手は、王貞治さんが持っている通算得点記録を追い越しました。イチローの平均打率がいいのは、打つボールの球種を決めて待っていることにあります。いわゆる、洞察力の賜物です。

テニスの錦織圭選手も自分よりも強い選手を相手に戦い、世界ランキング五位になりました。そこで、大切なのは見通す力です。

ビジネスマンでもそうでしょう。

商品販売に関して、徹底的なマーケティングを行い市場に出したもののまったく売れないという商品はたくさんあります。しかし、長年の経験とアイデアによって洞察力が生まれ、ヒット商品は生まれてきます。

では、普通の人と何が違うのかというと、トップアスリートの多くは、どうしたら一流になれるかではなく、どのようにしたら打てるか、ゴールを決められるか、リターンを決められるかのために、練習しながら考えているわけです。

つねに物事を深く考え、深く感じようとしていると、潜在意識からの声が届きやすくなってくるのです。

簡単なことではありませんが、誰にでもできることです。

就寝前や起きたばかりの朝の静けさの中で、あるいは仕事の前や途中に、洞察力を得るために、いま実現させようとしていることを深く考え、感じようとすることです。

そうすることで、必ず、潜在意識から物事を見通す力が与えられるでしょう。

Ninth Lesson
レッスン9
――リーランド・メソッド

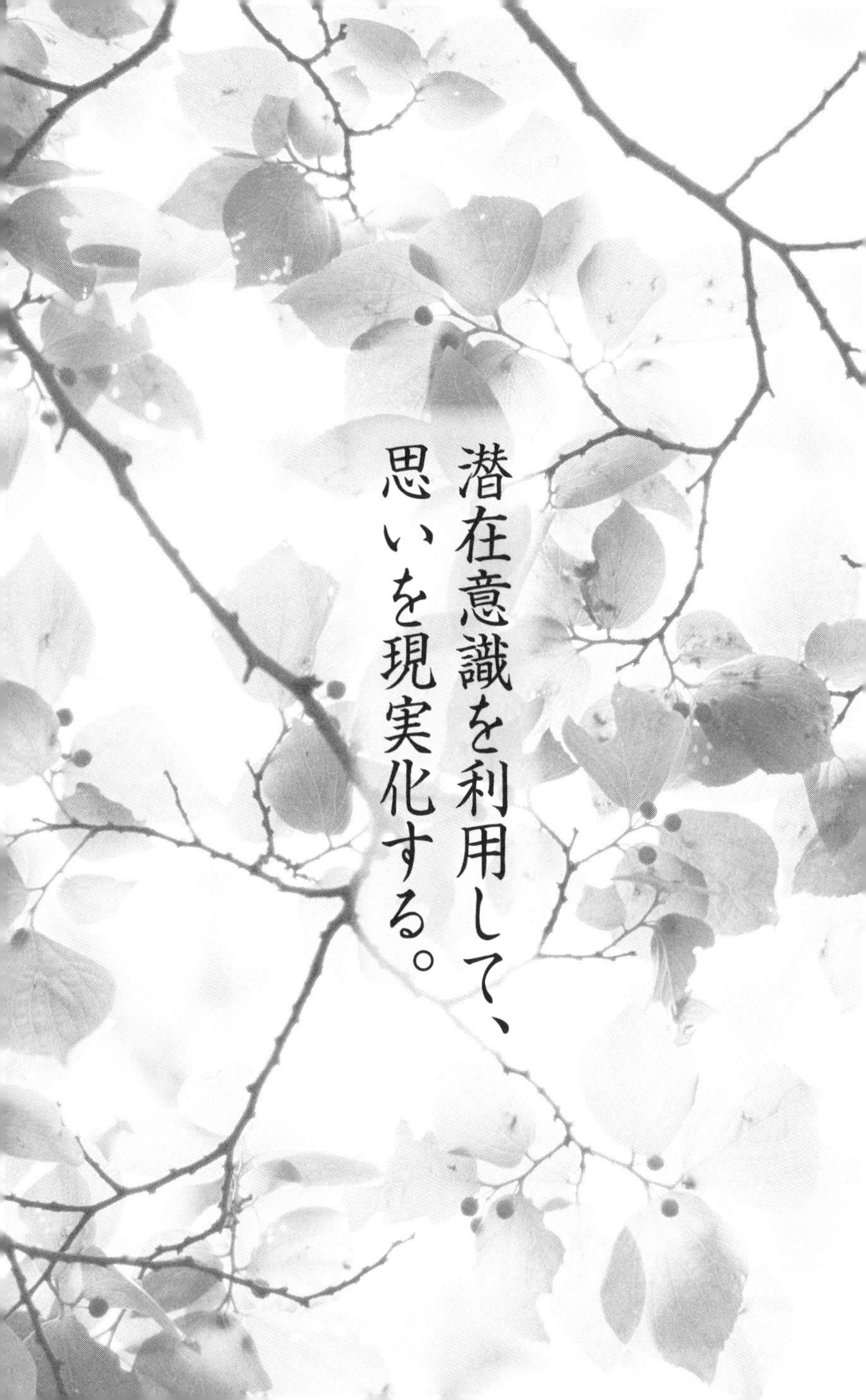

潜在意識を利用して、
思いを現実化する。

チャールズ・ゴッドフリー・リーランドの洞察力に関する説明を前章で紹介しましたが、それは「リーランド・メソッド」と言われる「潜在意識」を使う方法です。
この章では彼の「メソッド」をさらに掘り下げていきましょう。

リーランドは、多年に渡り、眠る前に自己暗示を与え、潜在意識に強い印象を与える方法を研究してきました。
彼は次のように述べています。

『かつては奇跡と見なされてきたことが、
科学的な方法によって、精神的、知的にできるようになった。
しかし、それはまだわずかしか理解されておらず、考慮されてもいない。
多くの実践や経験からわかってきたことは、この理論を発展させる上で、意志というものが、いかに重要であるかということだ。

自己暗示によって意志は強化され、練習が習慣化されるにつれて、行動力がすぐ出るようになる。

簡単に数回繰り返してみるなら、それがわかるだろう。そして翌日も心が穏やかに、また朗らかになるだろう。

繰り返し行うなら、さらに知的に活動できるだろう。

私は七十歳になるが、この方法で、毎日、以前よりもはるかに勤勉に働いている。そのうえ、これまでのどの期間よりも、実り多く働くことができ、また疲労や嫌悪感など出てこないのだ。

まったく簡単なことをするだけだ。

そうすれば私のように、強さがますます湧き出るのを感じながら、動けることに満足するだろう』

リーランドは自己暗示について、次のように説明していますが、これは心理学の研究者であるなら、よく知っていることです。

『「明日はよく動くぞ!」とまず宣言しよう。
そうすると、自己暗示が効果的に働き出すのを感じるだろう。
それを自分で試したところ、疲労を感じずに文学や芸術ができるようになった。
私の年齢では驚くべきことだ。
簡単に始められて、それによって充実感を得るだろう。
また、始めるための強い意志も、決意も必要ない。

シンプルで穏やかなものだ。
ただ「上手くいくように」と心に印象づけて寝るだけだ。

翌朝、目が覚めてからの終日、
自分から進んで不安や悩みなどは捨て去り、
楽観的になるように、
また、冷静で心のバランスがうまくとれるように努めていればよい。

やがて、努力せずに、それが自然にできるようになる。
これはまったく不思議な体験だ。

それを続けていくと、
穏やかさが習慣となり、はっきり増していくのに驚く。
強い意志が出てくるようになり、忍耐を要していた仕事でさえも、仕事を超えた冷静さと安らぎを得られるようになる。
これは、今まで読んだ小説やドラマ、冒険シリーズと同じように興奮するものだ』
『これは大発見だった。
意欲が、あるいは解決が必要なとき、
そのすべてに対して、寝る前に手はずを整えてくれるからだ。

不快な、また困難を要する仕事などに着手しなければならないとき、
気難しい人と対面しなければならないとき、
うまく仕事を進めなくてはならないとき、
スピーチをしなければならないとき、
あるいははっきり断らなければならないとき。
ただ、その標的に的を絞り込むか、あなたの望む姿勢を維持し続けるか、

それだけでよいのだ。他に何も考える必要などない。

そうなるように穏やかにしていればいいのだ。


しかし、これは障害となる物、人などを無視するということではない。

また、この方法を、厳しさを持って、あるいは強制的にしてもいけない。

うまくいくためには、むしろ心を、シンプルで穏やかにすべきだ。

そうすれば、もっといろいろなことを達成できるようになる。

忍耐強く、シンプルに刺激し続けるなら、あなたの意志は、しっかりしたものになって行く。

それだけのことで、驚きと、また満足の行く成果が上がるだろう』

『ただし、若い人、また楽天的過ぎる人、あるいはそそっかしい人は、次のことを忘れないでほしい。

つまり、この方法だけではなく、人生のどのようなことでも、完璧なものや、最大の成功はすぐに得られるものではないということです。

朗らかにしようと思っていても、優れない天候、憂鬱《ゆううつ》な日、その他のことで気分が滅入ってくるときもある。

焦ってはいけない。朗らかで居続けようと自分を強いてもいけない。

冷静さや快活さは、そうしようと度々繰り返していれば習慣になるものだ。

不快な気分になっても、それを払い除けることだ。

そうすれば幸せな気持ちが、もっと多く出てくるだろう。

そうできるなら、ますます、それをしようと自分に言い聞かせよう。

強くて、活発な意志を持ちたいものだが、そうするためには自分の弱さを見つめ、それに負けない意志や強さを磨くべきだという本がよくある。

しかし、そのどれもが、ストレスに負けない、強い気を作り出す方法と称して、戦いや勝利と勘違いした描き方をしている。

そして、結局どうすればよいのか書いていない。

まず必要なのは自己暗示なのだ。

『あることを考えていても、眠り、眼が覚めたらそれを忘れているかもしれない。

それで同じことを何度も繰り返さねばならなくなる。

しかし、ある時間に目覚めようと決意するなら、不思議なことに、たいていそうできるものなのだ。

ただ、始めからすべてうまくいくと期待してはいけない。

これは特定の時間に起きるようにすることだが、これを他にもシンプルに応用し、前もって考えていた状態や、望む状態をもたらすこともできる。

しっかり決意すること、つまり、自己暗示をすることによってなされるのだ。

それが新しい試みや、試練などを通していっそう確かなものになっていく。そのために必要なことは忍耐と繰り返しだ。

信念によって、私たちは山を動かすほどのこともできる。

忍耐によって、私たちはそれを運び去ることもできる。

その二つを同時にうまくできるのだ』

『忍耐強く、深慮し、目的のことを思おう。

そして得た感じを維持しながら、自己暗示をしよう。

そうするなら、意志の力が働き出し、望む時間に起きられるだろう。

Ninth Lesson
Inner Consciousness

これは眠る前にしなくても、起きているときにもできるようになるだろう。
自分の意志がうまく働き始めたことがわかってくると、かつての内気さに代わり、勇気と、物事にこだわらずに行動しようとする意欲が湧いてきて、確信しながら、大きな力を維持できるようになるだろう。

まず、眠る前に望む。
しかし願いが激しくてはいけない。
どちらかといえば、静かに、安定して望むべきだ。

眠りに就く前に、穏やかに繰り返そう。
そうして次のように思い、願うとよい。

明日は活気に満ち、
心が晴れ晴れとして、
冷静、穏やかでありますように。

潜在意識にそれが印象づけられる、つまり浸透するなら、その割合に比例した成果を得るだろう』

『しかし、前述したように、最初の試みですべてを得られると思ってはいけない。成功したように見えても、本当は、危うく崩れやすい位置にいるかもしれないからだ。

初めのうちは、ただ対象を選び、冷静に、穏やかに、しかし断固とした気持ちで、目的のことができるようにと願うことだ。

それでうまくいくだろう。

あるいは、思い出さねばならないことを、必要なときに、はっきり思い出すことができるようになるだろう。

うまくできるようになったら、さらに何かをつけ加えていくとよいだろう。

しかし、強制してはいけない。

また、同じことを何度も繰り返し唱えるのも時間の無駄だ。

よく考えるとともに、あなたが本当に望むことを望むようにしよう。

できるなら確信を抱き、それが確かにあなたに起きるという感じに浸ろう

『翌日の夜も同じ方法を使うのだが、ここで、これまでのことをまとめておこう。

①夜、床に就く。

まず何を望むのか、あるいは何を意図したいのか考えよう。

②これが洞察力へと繋がる。

③再度、確認しよう。

④望むことが、目覚めているときに起こるように、はっきり自分に言おう。

⑤そして思おう。

⑥では、眠りに就こう。

これがすべてだが、あなたの心がこの方法に慣れるまでは、一度に二つのことを望んではいけない。

成功して力が強くなってきたのがわかるようになるまで待とう』

『やがて、とても素晴らしい方法であることを実感するようになるだろう。また、自分には、これまで考えたこともなかった、もの凄い力、能力があるのがわかるだろう。


なぜ、このように勇敢な考えを抑えていたのだろう？

それは、伝統に従い続けてきたからだ。

より高度な超自然の存在が、伝統の力や、それを後押しする力に抑えられていたか、あるいは気づかないようにしていたのだ。


自分の心のステージが、自由で、気高くて、きっぱりと悪魔や幻想を受け入れない人は勇敢に見える。

ところが、いつの時代でも、どのような哲学者でさえも、それができなかったのだ。

動物が人に無関心であれば脅《おび》えないのと同じように、悪魔や幻想に無関心であれば、また伝統に従い続けなければ、悪魔や幻想に脅えることもない。

そして、人の本質、無限の可能性が引き出されるのだ。


この方法の効力は素晴らしいものである。

楽しみながら行え、しかも有益であり、それを行う人すべてに偉大な利益をもたらし、また、人生のさまざまな場面に活用できるからだ。

そのうえ、誰にもできるものである。

なぜなら誰もが持っている力なのだから』

「リーランド・メソッド」には、
自己暗示とか、自分に言い聞かせる原理が含まれているのがわかるでしょう。
それは「小さな妖精たち」の原理でもあります。

リーランド・メソッドの要旨は、眠りに就く前、自分に言い聞かせるか、自己暗示を与えることです。

この方法で、リーランドは多くの人から注目を浴びました。

心理学では、眠る前、心に与えられるメンタル・コマンドの有効性が証明されています。

なぜなら、眠りとは自然が誘発してくれるものであり、それは肉体をただ休めるだけではなく、あるいは修復するためだけでもなく、肉体が最高の状態になるように回復するためのものだからです。

また、眠っているときに肉体がそういう活動をしてくれるのと同じように、精神も活動をしているのです。

たとえとして出したように、心の小さな労働者、つまり心の「小さな妖精たち」は、寝ているときにたくさんの仕事をしているのです。

眠っている間、内なる意識、潜在意識は「偉大な活動」時間を迎えます。日常、心が集めた素材を同化、分析、照合し、それを結合し、絞り、また蓄え、整理しています。

私たちにはそれが目覚めてからわかるのです。

心の働き手たちは、眠りにつくまで、素材を粗雑に集めます。それから種類ごとに、また相関の法則によって、それぞれの印象で、系統的に蓄え直します。

私たちが何かをしようとするとき、必要なことすべてが、順序正しく整理されていることに気づくのです。

それは、目的の本をすぐに探せるように、たくさんの書物が整理されている、大図書館のようなものです。

しかし、精神の活動はこれだけではありません。

私たちが意識していなくても、情報を収集してくれており、解答を与えてくれ、また、何らかの仕事をし、そして解決方法を教えてくれるのです。

やがて眠りに就くとき、小さな働き手たちは、起きているときのように、突然の仕事を引き受けることもありません。

あるいは、一度にたくさんの仕事を与えられることもありません。

そういった煩《わずら》わしさから解放されるのです。

それで、私たちが寝ている間に、四散した素材を集めてうまく整えてくれます。翌日、寝ている間にたくさんの事柄を仕上げてくれたことがわかるなら、私たちはその働きに驚いてしまうでしょう。

この小さな妖精たちは、

「あなたが寝ている間も働いているのです」

これで「リーランド・メソッド」が価値あるものだということがわかります。

つまり、眠りに就く前に、小さな妖精たちに、はっきりと要求を伝えることです。


それから、それを解き放ちましょう。

すると、寝ている間に、望むことを実現するための準備が始まり、失われた知識の鎖の輪が新たに作り出され、使われ始めるでしょう。
悩んでいた問題は解決され、謎に対してはその解答を得るでしょう。

注意しなくてはならないことがあります。
「寝ている間にこれを私に行ってください」と内なる意識に呼びかけるのですが、その後は経営者がアシスタントを信頼して任せるように、自分ではあれこれ指図せず、つまりあれこれ考えず、抱いていた問題を積極的に解き放つようにしましょう。

そのことを忘れてはいけません。
そうしなければ、内なる意識は仕事を円滑にできなくなってしまいます。
これは大切なことです。
同じ言葉を何度唱えるのもそうです。

アシスタントは同じ言葉を一度聞けばよいのであり、
あとの言葉は仕事の邪魔になります。

・レッスン9・

実践 リーランド・メソッド

リーランド・メソッドは、寝る前に自己暗示をかけ潜在意識に強い印象を与えることで、思い通りの人生を過ごすことができるというものです。

①寝る前の暗示‥

「明日は活気に満ち、
心が晴れ晴れとして、冷静、穏やかでありますように」
この言葉を何回か心の中の妖精に向かって繰り返します。
言葉を繰り返すときに、活気に満ち、心が晴れ晴れとして冷静で穏やかな自分をイメージしながらするとより効果的です。

一回やってだめだからといって諦めてしまうのではなく、何日か繰り返していると妖精たちが寝ている間に働きはじめます。

「明日は活気に満ち、心が晴れ晴れとして〜」の部分を、自分がこうしたいという希望に替えてもいいでしょう。

例えば、「一週間後の営業でのプレゼンが首尾よくいき、受注できますように」と妖精にお願いするとします。このとき、プレゼンがうまくいって、クライアントが喜んでいる姿をイメージしながらするわけです。

そうすると、心の中に住んでいる小さな妖精たちは、それを成功させるために、寝ている間にたくさんの仕事をしてくれるでしょう。

②目が覚めてから…

冷静でリラックスできているように、心のバランスをとることを心がけます。

では、宝くじが当たるようにお願いできるかということですが、数字のドラムを回したり、矢を放ったりして番号を決めるのはあくまでも宝くじの主催者です。

自分が直接行動するわけではありませんので、運がよければ当たるでしょうが、実現の可能性は低いでしょう。

自分の希望を自分で行動を起こして行うことでなければ、実現する可能性は低くなります。

さらに、自分の希望をお願いするだけでは、神様にお願いして待っているのと同じです。その違いは、妖精たちにお願いしたあと、希望の実現に向けて自分がさまざまなアイデアを出したり作業をしたりすることができるようになるということです。

これが、いい結果に結びついていくわけです。

行動しないで叶うものは何もありません。

Tenth Lesson

レッスン10

――直感力そしてそれを超えて

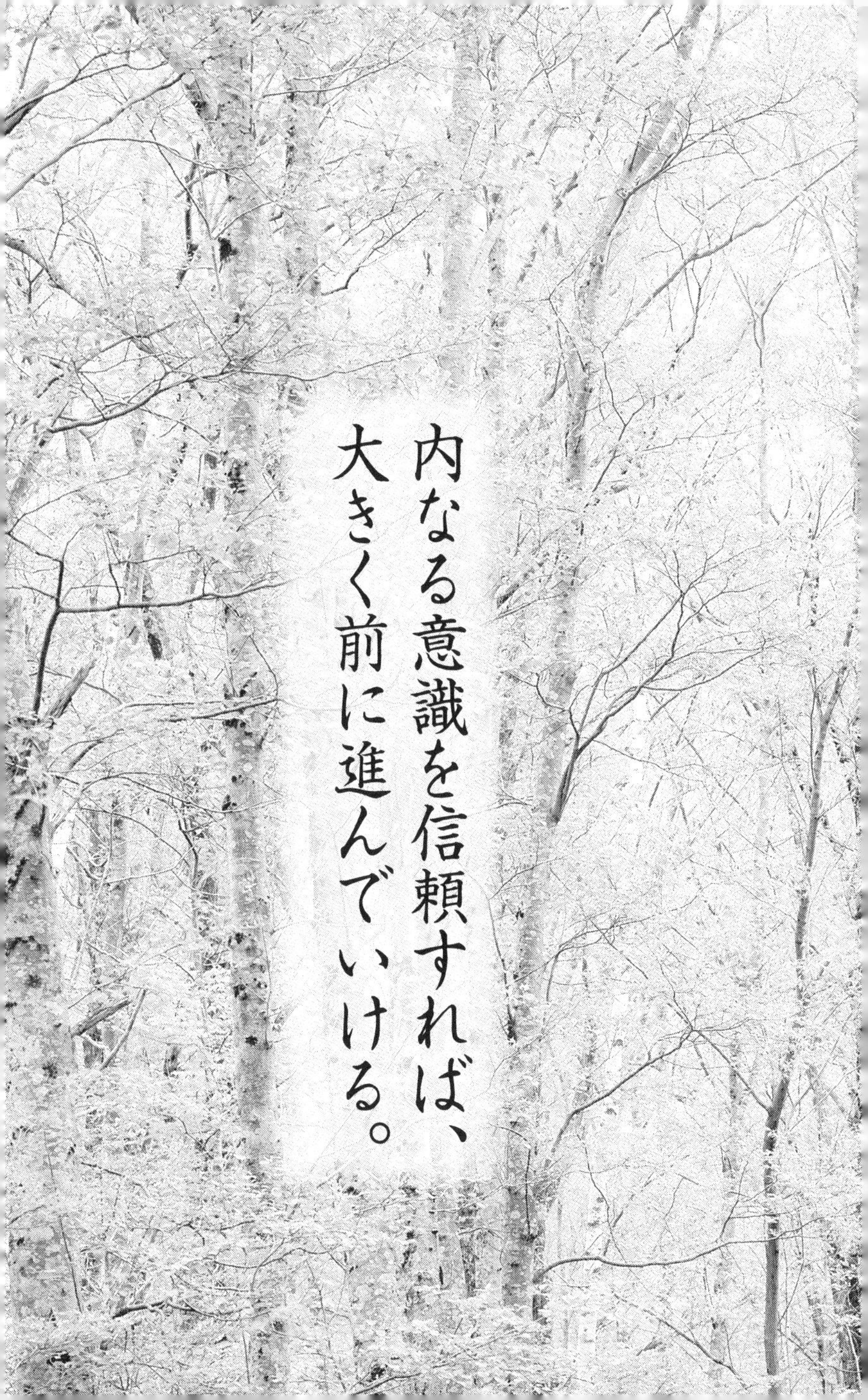
内なる意識を信頼すれば、
大きく前に進んでいける。

身体の働き、習慣、また、通常の心の働きよりも「下」に、「心が無意識でいても、考えている」ところがあります。

では、通常の心の働きよりも「上」にあるものとは何でしょう。

通常の心の下には、いくつかの地下室があるように、上にもいくつかの「階」があるはずです。

そこには天賦《てんぶ》の才《さい》とか、インスピレーション、直感、崇高《すうこう》な力などと呼ばれる、心ではあるが、通常の心より高い能力が休んでいます。

『心には最上位の働きをするところがある。

それが天から与えられる働きだ』（デビッド・ケイ／著述家）

『シェークスピアの知性は、「無意識の知性」と言えるほど、本人が気づいている以上に高潔なものだ。

シェークスピアを自身と照らし合わせることで、新たな意味を見出すことになるだろう』（トーマス・カーライル／歴史家）

『むしろ私は、私に隠されているところにあるものが、私を通して働いてくれるようにと望んでいる』（ヨハン・ヴォルフガング・フォン・ゲーテ）

『最も崇高な知性の働きとは、心が意識しなくても起こりうるものだ』（フェリエ）

『生活をしていると、自分の中に存在する、自分ではないものが、作ったり知らせてくれたりするのがわかる。

この訪問者が、居住地として自分の脳を選ぶなら、それは声としてやってきて、信じられないことを語りかけ、文章をまとめてくれるのだ』（ホームズ）

『高い魂や精神に関する生命の領域、それを、ただ漠然と意識することがある。しかし、それはつねに存在するものであり、永遠の真理に私たちを結びつけてくれている。

一方で、潜在意識は私たちを確実に身体と結びつけてくれている』（スコフィールド）

『心を超えた意識はあらゆることに熟達し、全能神と関わっている。それは身体を活性化し、有意義な生活を生み出す。

通常の心とは、潜在意識と、心を超えた意識が出会う中間的な領域である』（スコフィールド）

『ビジョン、瞑想、祈り、また夢さえもが、疑いもなく崇高な啓示なのだ。

それらは、潜在意識のように、心が意識していないときに最もよく表れる。

通常の心の働きから離れたことの事例がたくさんある。

実際には、心が意識していないものの方が多いのかもしれない。


心はその中央に位置することによって、上下の現れを記録し、さまざまな度合いに映し出しているのだろう。

また、そのすべてと関係する有限なものなのだろう』(スコフィールド)

『最後まで天の力を信じなさい。

それが熟していくなら、あなたは何をしなくても与えられるようになるだろう。

そして、自分の信じた正しさがわかるでしょう』(エマーソン)

より高い内なる意識の働きの中には、「直感力」という素晴らしい働きがあります。

それがウェブスター辞書(Webster's Dictionary)では「推論の過程なき認識作用」

と定義されています。

直感力を説明するのは難しいことですが、多くの人がそのように考えています。

心より「下」の潜在意識の働きは、主として肉体と健康に関係するものであり、本能と呼ばれるものです。

また心より「上」の働きに直感力が属するのであるなら、これも上位の個性と言えます。

本能のメッセージは、地下から1階の知性へと「上げ」られ、直感力のメッセージは、上から1階へと「下げ」られます。

最も上位の喜びは、直感の領域からやってきます。

芸術、音楽、試作、美や善を愛することは、より高度な愛、真実の直感を認識することです。

このすべてが上からきます。

天賦の才もまた、この夢心地の領域から与えられます。

偉大な作家、詩人、画家、音楽家、俳優、その他、芸術家は、心の高いところから「インスピレーション」を受け取ります。

偉大な芸術家のすべてが、最高の仕事は「いつもの自分」よりも、何かより高度な力によるものであったと感じています。

この例は圧倒的な量に上ります。

そして、印象は誰もが強力に受け取るのであって、それはまさに「上から」やって来る印象「インスピレーション」なのです。

ギリシャ人は、この素晴らしい現象を、「デーモン」「スピリット」からの働きと呼ぶことを常としていました。

デーモンやスピリットが芸術家に宿り、仕事を促進するのです。

プルタルクやティマルコスは、

「人の頭の上に輝く、スピリッツのビジョンを見た」と書いています。

ビジョンには、身体の中に沈められている「魂」と呼ばれる部分と、身体の外側の「デーモン」「スピリット」と呼ばれる部分もあると、神宣者は述べています。

その神宣者はまた次のようにも述べました。

『誰もがデーモンを持っている。

それに疑いもなく従う者は神々のお気に入りである』

ソクラテスは、この「デーモン」という考えを、好んで使いました。

ゲーテも、自分の意志よりも高度な力を持つデーモンと話をしたと述べています。

まるで何か特定の存在がいるようですが、これはもちろん、当時の思索家が、そのような現象を象徴的に示しただけです。

直感や天賦の才を説明するために、「デーモン」や「スピリット」の存在を仮定するわけですが、それだけではなく、その「デーモン」とは、私たちの心の、より高度な活動なのです。

私たちにはそのすべてがあります。

私たちを保護し、導く、実体のように思える何かが、上や下と表現していますが、実は私たちの内にあるのです。

このことに関して、有名な作品から引用しましょう。

『進歩した神秘家は、心の上の領域には、すべてを直感的に認識する力がある。しかし、そこは普段、鍵がかかっていることを知っている。

そして、そこに立ち入ることができるなら、理由も説明も必要なく、ただ、何でも直感的にわかる力、それを得られることもわかっている。

しかし、私たちは、そのような直感力を持つ高さまで到達してはいません。

山のふもと、なだらかな丘を登り始めたところにいて、

そこを、しっかり踏みしめながら歩んでいるのです。

高度な内なる導きに自己を開くなら、別の言い方をすると「スピリットに導かれる」

ことを快く望むなら、私たちはそこから力を得るでしょう。
これは、私たちの外側にある知性によって導かれるという意味ではありません。
私たちは内なるものに導かれ、
それを受け取る資格があるのです。

内なる「スピリット」は本人に関心を持ち、本人が望む最善のことを成し遂げようと待っています。

それだけではありません。

私たち自身を導いていこうとしているのです。

より高い段階の自己は、本人の成長と福祉のために、最善を尽くそうとしているのですが、それを制限しようとする覆いによって妨げられています。


何ということでしょう。

私たちの多くが、その覆いの中にいることを誇りとしながら、もっとも高い部分にいると思い込んでいるのです。

覆いを払いのけるようにスピリットの光が突き抜け、表面に出てくるのを恐れてはいけません。

直感とは、私たちに語りかける、そういったチャンネルの一つなのです。

直感力は、知性より上にある、心の高度な活動です。

私たちはその勢いを受け入れ、自分の中に、その緩やかな展開が現れてくるのを迎え入れるべきなのです』

直感力よりさらに上にも、内なる意識の活動があります。

それによって私たちは、もっと広い視野を得るようになるでしょう。

そして「崇高な意識」と呼ばれる、偉大な場へと導かれるでしょう。

ここは、私たちのほとんどには、まだ未開発です。

この偉大な場には「宇宙の意識」と呼ばれてきた、意識の働きがあります。

それによって、生命の一体化と宇宙の唯一性を理解するのです。

潜在意識や宇宙の意識への研究によって、すべての人に共通な意識のあることがわかってくるでしょう。

そのうえ誰もがそれを開発できるのです。

もちろん、この高度な活動も、
まったく本人の「精神面」なのです。

それは「精神の」働きと明示された、人間の本質に属するものです。

しかし、意識に関して、ここでは、これ以上深く立ち入らないようにしましょう。

内なる意識に関しては、それが精神であるとわかってはいるのですが、そこに蓄えられた「英知」は、洞察力があり、先見の明があり、予知し、隠れたことがらを見抜くこともできるのです。

私たちのいる世界は、欺瞞《ぎまん》や苦悩、トラブルの世界です。

しかし、それを助けるためにやって来る「内なる何か」に私たちは気づきはじめています。

私たちは、この「何か」を、

自分以外の何かと思ってきました。

しかし、それは各人の要求によって、
偉大な活動をはじめる、
魂の高度な働きなのです。

この内なる何かは、私たちの興味、関心に目を向けています。
警戒が必要なときには、その言葉を発し、手を休めて立ち止まるようにしてくれます。

ところが、私たちは、この優しい警告を「単なる空想」「ばかばかしい思い」などと無視しているのです。
そうして、私たち自身でありながらも、その高度な働きであるところから与えられるメッセージを、拒んできたのです。

危険なときに、内なる何かがメッセージを発するだけではありません。

日常の些細な出来事にさえも、私たちを助けようとしています。

何かを調べなくてはならないとき、うまく調べられなくて、本屋や図書館、その他を使うでしょう。

ところが、一見無関係なところ、あるいは、これはまったく逆方向ではないか、そう思う方向に何となく「導かれ」、意外にも、そこに求めるものを発見したことはないでしょうか。

それは、潜在意識が「軽いひと押し」をしてくれたのです。

それによって潜在意識の働きが、さらに大きくなり、あなたも、大きく、その導きに従うことができたわけです。

また、ある事柄から、あなたを引き離そうとする、何らかの力、つまり「ちょっと戻ろうする力」に気づいたことはありませんか？
そして、後になって、それがよかったということはないでしょうか。

これは、空想が働いたからではありません。
いつも、私たちを正しく導こうとしている、私たち自身の、高度な働きなのです。

各人には、自分自身の「舵《かじ》を正しくとろう」とする「良心」があります。
この良心とは、よく言われるような「いい格好気取り」などではなく、内なる何か、そのものなのです。

冷やかしの意見など相手にしない、用心深い何かであり、通常の心よりも、はるかによく知るものであり、よく見ているものです。
それが、私たちの舵《かじ》を正確にとろうとしているのです。

「見えない手」の力を知るコツを学びましょう。
それがやって来たら、歓迎しましょう。
異質なものとして、それを振り払わないでください。
その善意と親切を信頼しましょう。

もう一度言いましょう。
それは外界のものではありません。
あなたの自己そのものです。
あなたが信頼し、期待すれば、

互いに頼れるものになるでしょう。

そして、もっともっと、あなたの生活で活躍しようと待っています。
語りかけてくれる何か、それもあなた自身です。
それなら、あなたの心のドアを閉める必要などありません。

あなたの中にある、その光を心へ迎えましょう。
そうすれば、これから踏み出す道を明るく照らし、歩きやすくしてくれるでしょう。
恐れず、内なる意識を信頼して、前方の大通りへと大胆に遊びに出るべきです。
このことがわかってくると、次の言葉の意味がわかって来るでしょう。

『光よ、お導きください。

憂鬱が蔓延する世界で、
親切に、私をお導きください。

夜闇の中、
家からはるか遠くの地にあっても、
お導きください。

そして、あなたの足にしてください。
けっして、遠くを見たいのではありません。
たしかな一歩を与えてください。
私をお導きください』

訳者あとがき

潜在意識は心の奥底にあり、直感は心より上位にあるなどということは、単に表現上そう思えるだけであり、どちらも同じ内なる意識、すなわち潜在意識です。「それが私たちを導いている」とアトキンソンは述べています。

そして、それが私たち自身であり、心の深い下の部分と心より上位にあると思われている部分ではあるけれども、どれも心そのものであると述べています。

本書は、内側にある潜在意識について、その基本的概念、働く原理、そしてそれに気づくための本です。

外界にではなく、各人の内側にこそ素晴らしい意識があると、アトキンソンは述べています。つまり、各人をいい方向に導いてくれるのが潜在意識です。

これまでの日常生活を振り返ってみると、簡単なことで、内側の声と接触してきたことに気づき、勇気を得られます。

アトキンソンはたびたび、「願いを唱え過ぎないように」とも述べています。それは、内奥の潜在意識に任せておきなさいということです。

本書のアトキンソンでは、潜在意識あるいは心より「上」「下」にある働きを信じるようにということで、そのような書き方をしているのでしょう。

そうすると、潜在意識が、さらに気になり、一緒に歩んでいこうと思うようになるでしょう。

〔著者略歴〕
ウィリアム・W・アトキンソン（William Walker Atkinson）
1862年〜1932年。セロン・Q・デュモン、ヨギ・ラマチャラカその他幾つかのペンネームで著作がある。弁護士として活躍していたが、ストレスにより精神的、金銭的にも疲弊。その後、1880年代からニュー・ソート運動を展開。精神科学に力を入れ、編集、著作などを精力的に行い、支持を得た。邦訳では林陽氏によるものが多い。『引き寄せの法則 すべての願いが現実になる』（KKベストセラーズ）。また、セロン・Q・デュモンの名では『マグネティズムの法則』『メンタルヒーリングの実践』、『愛される品格』（遠藤昭則訳／中央アート出版社）などがある。

〔訳者略歴〕
遠藤昭則（えんどうあきのり）
1954年2月生まれ。千葉工業大学電気工学科卒。33年の教員生活の後、著述家。算数・数学や速算術などを通して数を楽しみ・遊ぶことを研究。主な著書『頭がよくなるインド式計算ドリル』『頭がよくなるインド式計算ドリル（中級編）』（KKベストセラーズ）、『大人も子供も計算博士』『大人も子供も算数博士』（中央アート出版社）ほか。訳書には、『マグネティズムの法則』『メンタルヒーリングの実践』『愛される品格』（中央アート出版社）、『奇跡の水』（ヒカルランド）ほか。監修書には、『ブレインネティックス』（ショップジャパン）などがある。宇宙を哲学し、宇宙の意識を思い、生命を積極的に認識する活動を行っている。

潜在意識と幸運の法則

100年前から活用されている「引き寄せの法則」

二〇一五年　六月　一日　初版第一刷発行

著者　ウィリアム・W・アトキンソン
訳者　遠藤昭則
発行人　木村健一
発行所　株式会社イースト・プレス
〒一〇一-〇〇五一
東京都千代田区神田神保町二-四-七　久月神田ビル
電話〇三-五二一三-四七〇〇
ファックス〇三-五二一三-四七〇一
http://www.eastpress.co.jp

カバー装丁　木庭貴信（オクターヴ）
本文構成・DTP　株式会社レクスプレス
印刷所　中央精版印刷株式会社

ISBN978-4-7816-1334-5 C0011